KB065642

초등학생이 꼭 알아야 할

MAGIC 한영사전 개정판

초등학생이 꼭 알아야 할 **MAGIC 한영사전** 개정판

2023년 1월 20일 개정 1쇄 인쇄
2023년 1월 25일 개정 1쇄 발행

지은이 국제어학연구소 영어연구실 편
펴낸이 이규인
펴낸곳 국제어학연구소 출판부
삽 화 이경택
표지 디자인 현상옥
편집 디자인 김미란·최영란

출판등록 2010년 1월 18일 제302-2010-000006호
주소 서울특별시 마포구 대흥로4길 49, 1층(용강동 월명빌딩)
Tel (02) 704-0900 **팩시밀리** (02) 703-5117
홈페이지 www.bookcamp.co.kr
e-mail changbook1@hanmail.net

ISBN 979-11-9792038-7 (13740)
정가 13,000원

orange

magic 한영사전

초등학생이 꼭 알아야 할

children's dictionary

개정판

국제어학연구소 영어연구실 편

ILR 국제어학연구소

머리말

★미국 초등교과서 필수 단어 수록!

미국 초등교과서에 나오는 단어 중, 영어 학습에 기본이 되는 필수 단어만을 모아 '가나다…' 순으로 수록하였어요. 우리나라 초등학교 영어 수준을 조금 웃도는 단어들이 많이 포함되어 어휘력을 풍부하게 넓힐 수 있어 좋아요.

★영어의 기초를 다져주는 한영사전!

명사, 대명사, 동사, 조동사, 형용사, 관사, 부사, 전치사, 접속사로 1차 분류해 단어를 나누었고, 2차로 '가나다…' 순으로 분류해 찾기 쉬워요. 품사별 설명도 자세히 달아 놓았어요. 따라서 단순히 암기식 영단어 배열이 아니라, 영어의 기초를 다져주는 훌륭한 학습 지침서예요.

★영어 첫걸음을 돕는 한글 발음!

아직 발음기호에 익숙하지 않은 초등학생들을 위하여 원음에 가까운 발음을 한글로 모두 달아놓았어요. 발음 기호에 익숙해질 때까지 좋은 영어 발음 도우미가 될 거예요.

이 책의 구성

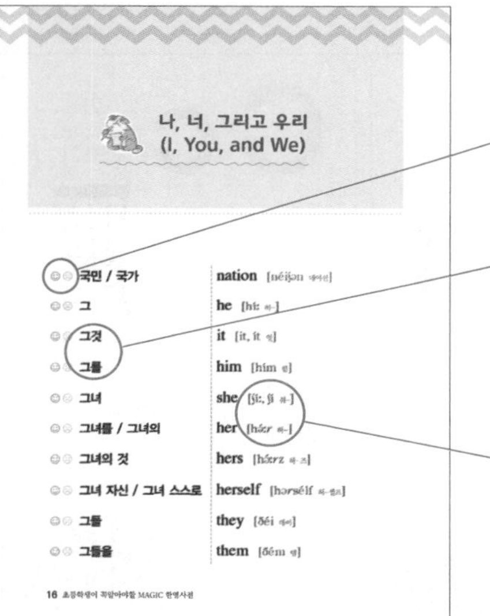
나, 너, 그리고 우리
(I, You, and We)

국민 / 국가	nation [néiʃən 네이션]
그	he [hiː 히-]
그것	it [it, ít 잇]
그를	him [hím 힘]
그녀	she [ʃiː, ʃi 쉬-]
그녀를 / 그녀의	her [hə́ːr 허-]
그녀의 것	hers [hə́ːrz 허-즈]
그녀 자신 / 그녀 스스로	herself [hərsélf 허-셀프]
그들	they [ðéi 데이]
그들을	them [ðém 뎀]

16 초등학생이 꼭 알아야 할 MAGIC 한영사전

외운 단어는 ☺에, 못 외운 단어는 ☹에 체크하면서 공부하세요.

품사에 따라 나누어진 단어를 주제별로 또 한 번 나누었어요.
상황별 단어를 통으로 외우기에 좋고 단어를 활용한 예문과 자세한 설명글도 수록했어요.

영어에 익숙하지 않은 어린이들을 위하여 발음기호와 더불어 원음에 가까운 한글 발음을 달아 놨어요. 따라해 보세요.

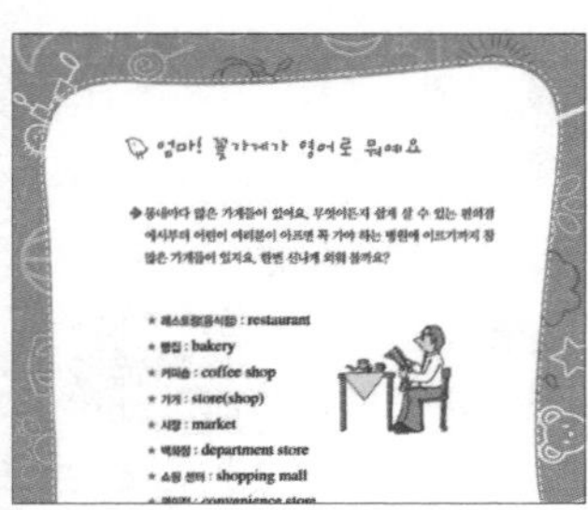
엄마! 꽃가게가 영어로 뭐예요

* 레스토랑(음식점) : restaurant
* 빵집 : bakery
* 커피숍 : coffee shop
* 가게 : store(shop)
* 시장 : market
* 백화점 : department store
* 쇼핑 센터 : shopping mall

엄마! 꽃가게가 영어로 뭐예요?

영어에 대한 각종 상식과 지식을 쌓을 수 있는 코너예요.
재미있게 읽어나가는 사이에 한층 깊이 이해하고 영어 실력을 쌓을 수 있어요.

주제별 삽화

각 상황에 맞는 재미있는 삽화와 더불어 단어를 수록하였어요.
지루하지 않게 공부를 할 수 있을 거예요.

한글 색인

본문의 단어를 모두 담았아요.
필요할 때 찾기 쉽게 한글 '가나다' 순으로 구성하여 실용적인 학습 도우미랍니다.

ALPHABET

알파벳

A a 에이 [ei]

apple 사과
[ǽpl]

B b 비- [biː]

ball 공
[bɔːl] 볼

C c 씨- [siː]

chair 의자
[tʃέər] 체어-

D d 디- [diː]

desk 책상
[désk] 데스크

E e 이- [iː]

earth 지구
[ə́ːrθ] 얼-쓰

F f 에프 [ef]

fish 물고기
[fíʃ] 피쉬

G g 쥐- [dʒiː]

girl 소녀
[gə́ːrl] 걸

H h 에이취 [eitʃ]

house 집
[haus] 하우스

I i 아이 [ai]

iron 다리미
[áiərn] 아이언

J j 제이 [dʒei]

jacket 자켓
[dʒǽkət] 재킷

K k 케이 [kei]

king 왕
[kíŋ] 킹

L l 엘 [el]

lamp 등불
[lǽmp] 램프

Mm 엠 [em]

mountain 산
[máuntin] 마운튼

Nn 엔 [en]

nail 못
[néil] 네일

Oo 오우 [ou]

orange 오렌지
[ɔ́ːrindʒ] 오-린지

Pp 피- [piː]

penguin 펭귄
[péŋgwin] 펭귄

Qq 큐- [kiuː]

queen 여왕
[kwiːn] 퀸

Rr 알- [aːr]

robot 로봇
[róubət] 로우벗

Ss 에스 [es]

sun 태양
[sʌ́n] 썬

Tt 티- [tiː]

telephone 전화
[téləfòun]
텔러포운

Uu 유- [juː]

umbrella 우산
[ʌmbrélə]
엄브렐러

Vv 비- [viː]

violin 바이올린
[vaiəlín]
바이얼린

Ww 더블유- [dʌ́bljuː]

window 창문
[wíndou] 윈도우

Xx 엑스 [eks]

xylophone 실로폰
[záiləfoun]
자일러포운

Yy 와이 [wai]

yacht 요트
[ját] 야트

Zz 지- [ziː]

zeus 제우스
[zúːs] 지우쓰

발음연습

☆ 모음

발음	단어	발음	단어
i (이)	pig [pig] 피그 돼지	əː (어-)	bird [bəːrd] 버-드 새
e (에)	bed [bed] 베드 침대	ɑː (아-)	glass [glaːs] 글라-스 컵
æ (애)	hand [hænd] 핸드 손	uː (우-)	spoon [spuːn] 스푸-운 숟가락
ɔ (오)	dog [dɔg] 독 개	ɔː (오-)	ball [bɔːl] 볼 공
o (오)	only [óunli] 오운리 오직	u (우)	foot [fut] 푸트 발
ei (에이)	cake [keik] 케이크 케익	ə (어)	idea [aidíːə] 아이디-어 아이디어
ou (오우)	boat [bout] 보우트 보트	ʌ (어)	bus [bʌs] 버스 버스
ɔi (오이)	toy [tɔi] 토이 장난감	iː (이-)	bee [biː] 비- 벌

발음	단어	발음	단어
ai (아이)	lion [láiən] 라이언  사자	aiə (아이어)	liar [láiər] 라이어-  거짓말쟁이
au (아우)	cow [kau] 카우  소	uə (우어)	flower [fláuər] 플라워-  꽃
iə (이어)	tear [tiər] 티어-  눈물	ɔə (오어)	or [ɔər] 오어-  또는
ɛə (에어)	stair [stɛər] 스테어-  계단	auə (아우어)	our [auər] 아우어-  우리들의

☆ 자음

발음	단어	발음	단어
p (ㅍ)	grape [greip] 그레이프  포도	k (ㅋ)	cook [kuk] 쿡  요리사
b (ㅂ)	baby [béibi] 베이비  아기	g (ㄱ)	bug [bʌg] 버그  벌레
t (ㅌ)	tent [tent] 텐트  텐트	m (ㅁ)	moon [muːn] 무-운 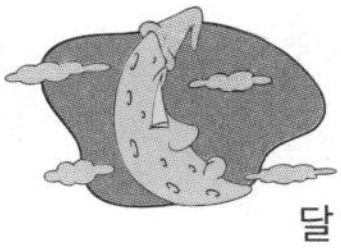 달
d (ㄷ)	card [kaːrd] 카-드  카드	n (ㄴ)	news [njuːz] 뉴-즈  TODAY'S NEWS! 신문

ŋ (웅)	ink [iŋk] 잉크 / 잉크	ʃ (쉬)	ship [ʃip] 쉽 / 배
l (ㄹ)	doll [dɔl] 돌 / 인형	ʒ (ㅈ)	orange [ɔ́ːrindʒ] 오-린지 / 오렌지
f (ㅍ)	fork [fɔːrk] 포-크 / 포크	r (ㄹ)	tree [triː] 트리- / 나무
v (ㅂ)	glove [glʌv] 글러브 / 글러브	h (ㅎ)	hill [hil] 힐 / 언덕
θ (ㄸ)	mouth [mauθ] 마우쓰 / 입	j (이)	year [jiər] 이어- / 년
ð (ㄷ)	clothes [klouðz] 클로우드즈 / 옷	w (우)	window [wíndow] 윈도우 / 창문
s (ㅅ)	horse [hɔːrs] 호-스 / 말	tʃ (취)	watch [wɔtʃ] 워취 / 시계
z (ㅈ)	rose [rouz] 로우즈 / 장미	dʒ (쥐)	village [vílidʒ] 빌리쥐 / 마을

CONTENTS 목차

명사와 대명사(Noun and Pronoun)

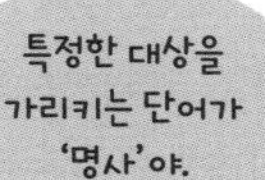

동사와 조동사(Verb and Auxiliary verb)

사람이나 사물의
움직임 또는 작용을
나타내는 말이
'동사'야.

형용사(Adjective)

관사와 부사(Article and Adverb)

전치사와 접속사(Preposition and Conjunction)

한글색인 249

명사와 대명사

(Noun and Pronoun)

☆ 명사(Noun)와 대명사(Pronoun)란?

명사는 사람, 장소, 사물, 동물, 식물 등의 이름을 말해요.

대명사는 보통 명사를 대신한 말로 명사와 비슷하지만 약간의 차이가 있답니다.

대명사에는 사람을 부를 때 쓰는 '인칭대명사'와 사물을 가리킬 때 사용하는 '지시대명사', 무엇인가를 물을 때 사용하는 '의문대명사' 등이 있어요.

여기서는 우리가 생활하면서 접하게 되는 다양한 이름과 지시어들을 모았어요. 주제별로 되어 있어 지루하지 않고 쉽게 학습할 수 있답니다.

우리가 쉽게 접하는 것들의 영어 이름은 무엇인지 지금부터 하나하나 알아 볼까요?

모든 단어 앞에는 😊과 ☹ 마스코트가 있어요.
알거나 외운 단어는 😊에 체크하고, 모르거나 외우지 못한 단어는 ☹에 체크해요.
나중에 여러분이 아는 단어와 모르는 단어를 한눈에 알 수 있어요.

나, 너, 그리고 우리 (I, You, and We)

☺☹ 국민 / 국가	nation [néiʃən 네이션]
☺☹ 그	he [híː 히-]
☺☹ 그것	it [it, ít 잇]
☺☹ 그를	him [hím 힘]
☺☹ 그녀	she [ʃíː, ʃí 쉬-]
☺☹ 그녀를 / 그녀의	her [hə́ːr 허-]
☺☹ 그녀의 것	hers [hə́ːrz 허-즈]
☺☹ 그녀 자신 / 그녀 스스로	herself [hərsélf 허-셀프]
☺☹ 그들	they [ðéi 데이]
☺☹ 그들을	them [ðém 뎀]

☺☹ 그들의	their [ðέər 데어-]
☺☹ 그들의 것	theirs [ðέərz 데어-즈]
☺☹ 그들 자신 / 그들 스스로	themselves [ðèmsélvz 뎀셀브즈]
☺☹ 그의 / 그의 것	his [híz 히즈]
☺☹ 그 자신 / 그 스스로	himself [himsélf 힘셀프]
☺☹ 나	I [ái 아이]
☺☹ 나를	me [míː 미-]
☺☹ 나의	my [mái 마이]
☺☹ 나의 것	mine [máin 마인]
☺☹ 나 자신 / 나 스스로	myself [maisélf 마이셀프]
☺☹ 남자	man [mǽn 맨]
☺☹ 남자들	men [mén 멘]
☺☹ 너(당신) / 너를(당신을)	you [júː, jə 유-]
☺☹ 너의(당신의)	your [júər, jɔ́ːr 유어-]
☺☹ 너의 것	yours [júərz, jɔ́ːrz 유어-즈]
☺☹ 너 자신 / 너 스스로	yourself [juərsélf 유어-셀프]

그 (he)
그녀 (she)
그들 (they)
우리 (we)
나 (I)
너 (you)

☺☹ 누구	who [hú: 후-]
☺☹ 누구든 / 무엇이나	any [éni 애니]
☺☹ 무엇 / 어떤 것	what [*h*wát 왓]
☺☹ ~부인(여자 어른)	Mrs. [mísiz 미시즈]
☺☹ 사람들	people [pí:pl 피-플]
☺☹ 성인	adult [ədʌ́lt 어덜트]
☺☹ 소녀	girl [gə́:*r*l 걸]
☺☹ 소년	boy [bɔ́i 보이]
☺☹ 숙녀	lady [léidi 레이디]
☺☹ 시민	citizen [sítəz*ə*n 시티즌]
☺☹ 신사	gentleman [dʒéntlmən 젠틀먼]
☺☹ ~씨(남자 어른)	Mr. [místə*r* 미스터-]
☺☹ 아기	baby [béibi 베이비]
☺☹ 아무도 ~ 않다	nobody [nóubὰdi 노우바디]
☺☹ 아이	kid [kíd 키드]
☺☹ ~양(결혼 안 한 여자)	Miss [mís 미스]

☺☹ 어느 것	which [*h*wítʃ 위치]
☺☹ 어느 것 / 어떤 것이든	anything [éniθìŋ 에니씽]
☺☹ 어느 사람 / 누구나	anyone [éniwʌ̀n 에니원]
☺☹ 어디	where [*h*wɛ́ə*r* 웨어-]
☺☹ 어린이	child [tʃáild 차일드]
☺☹ 어린이들	children [tʃíldrən 췰드런]
☺☹ 어떤 것	something [sʌ́mθiŋ 썸씽]
☺☹ 어떤 사람	someone [sʌ́mwʌ̀n 썸원]
☺☹ 언제(때, 시기)	when [*h*wén 웬]
☺☹ 여왕	queen [kwíːn 퀸]
☺☹ 여자	woman [wúmən 우먼]
☺☹ 여자들	women [wímin 위민]
☺☹ 우리	we [wi, wí 위]
☺☹ 우리를	us [ʌ́s 어스]
☺☹ 우리의	our [áuə*r* 아우어-]
☺☹ 우리의 것	ours [áuə*r*z 아우어-즈]

☺☹ 우리 자신 / 우리 스스로	ourselves [àuərsélvz 아우어-셀브즈]
☺☹ 이것	this [ðís 디스]
☺☹ 이것들	these [ðíːz 디-즈]
☺☹ 왕	king [kíŋ 킹]
☺☹ 왜(이유, 까닭)	why [*h*wái 와이]
☺☹ 저것	that [ðǽt 댓]
☺☹ 저것들	those [ðóuz 도우즈]
☺☹ 청소년	teenager [tíːnèidʒər 틴에이저-]

숫자와 수학 (Number and Mathematics)

☺☹ 영 / 0	zero [zíərou 제로우]
☺☹ 일 / 1	one [wʌ́n 원]
☺☹ 이 / 2	two [túː 투-]
☺☹ 삼 / 3	three [θríː 쓰리-]
☺☹ 사 / 4	four [fɔ́ːr 포-]
☺☹ 오 / 5	five [fáiv 파이브]
☺☹ 육 / 6	six [síks 씩스]
☺☹ 칠 / 7	seven [sévən 세븐]
☺☹ 팔 / 8	eight [éit 에잇]
☺☹ 구 / 9	nine [náin 나인]

☺☹	십 / 10	ten [tén 텐]
☺☹	십일 / 11	eleven [ilévən 일레븐]
☺☹	십이 / 12	twelve [twélv 트웰브]
☺☹	십삼 / 13	thirteen [θəːrtíːn 써-틴]
☺☹	십사 / 14	fourteen [fɔ̀ːrtíːn 포-틴]
☺☹	십오 / 15	fifteen [fìftíːn 피프틴]
☺☹	십육 / 16	sixteen [sìkstíːn 씩스틴]
☺☹	십칠 / 17	seventeen [sèvəntíːn 세븐틴]
☺☹	십팔 / 18	eighteen [èitíːn 에잇틴]
☺☹	십구 / 19	nineteen [nàintíːn 나인틴]
☺☹	이십 / 20	twenty [twénti 트웬티]
☺☹	이십 일 / 21	twenty-one [twénti-wʌ́n 트웬티 원]
☺☹	삼십 / 30	thirty [θə́ːrti 써-티]
☺☹	삼십 일 / 31	thirty-one [θə́ːrti-wʌ́n 써-티 원]
☺☹	사십 / 40	forty [fɔ́ːrti 포-티]

☺☹ 사십 일 / 41 | forty-one [fɔ́ːrti-wʌ́n 포-티 원]

☺☹ 오십 / 50 | fifty [fífti 피프티]

☺☹ 오십 일 / 51 | fifty-one [fífti-wʌ́n 피프티 원]

☺☹ 육십 / 60 | sixty [síksti 씩스티]

☺☹ 육십 일 / 61 | sixty-one [síksti-wʌ́n 씩스티 원]

☺☹ 칠십 / 70 | seventy [sévənti 세븐티]

☺☹ 칠십 일 / 71 | seventy-one [sévənti-wʌ́n 세븐티 원]

☺☹ 팔십 / 80 | eighty [éiti 에잇티]

☺☹ 팔십 일 / 81 | eighty-one [éiti-wʌ́n 에잇티 원]

☺☹ 구십 / 90 | ninety [náinti 나인티]

☺☹ 구십 일 / 91 | ninety-one [náinti-wʌ́n 나인티 원]

☺☹ 백 / 100 | one hundred [wʌ́n hʌ́ndrəd 원 헌드러드]

☺☹ 백일 / 101	one hundred (and) one [wʌ́n hʌ́ndrəd wʌ́n 원 헌드러드 원]
☺☹ 천 / 1,000	one thousand [wʌ́n θáuzənd 원 싸우전드]
☺☹ 만 / 10,000	ten thousand [tén θáuzənd 텐 싸우전드]
☺☹ 십만 / 100,000	one hundred thousand [wʌ́n hʌ́ndrəd θáuzənd 원 헌드러드 싸우전드]
☺☹ 백만 / 1,000,000	one million [wʌ́n míljən 원 밀리언]
☺☹ 첫 번째	first / 1st [fə́ːrst 퍼-스트]
☺☹ 두 번째	second / 2nd [sékənd 세컨드]
☺☹ 세 번째	third / 3rd [θə́ːrd 써-드]
☺☹ 네 번째	fourth / 4th [fɔ́ːrθ 포-쓰]
☺☹ 다섯 번째	fifth / 5th [fífθ 피프쓰]
☺☹ 여섯 번째	sixth / 6th [síksθ 씩스쓰]
☺☹ 일곱 번째	seventh / 7th [sévənθ 세븐쓰]
☺☹ 여덟 번째	eighth / 8th [éitθ 에잇쓰]

☺☹ **아홉 번째**	ninth / 9th [náinθ 나인쓰]
☺☹ **열 번째**	tenth / 10th [ténθ 텐쓰]
☺☹ **열한 번째**	eleventh / 11th [ilévənθ 일레븐쓰]
☺☹ **열두 번째**	twelfth / 12th [twélfθ 트웰프쓰]

☺☹ 열세 번째	thirteenth / 13th [θəːrtíːnθ 써-틴쓰]
☺☹ 열네 번째	fourteenth / 14th [fɔ̀ːrtíːnθ 포-틴쓰]
☺☹ 열다섯 번째	fifteenth / 15th [fíftíːnθ 피프틴쓰]
☺☹ 열여섯 번째	sixteenth / 16th [sìkstíːnθ 씩스틴쓰]
☺☹ 열일곱 번째	seventeenth / 17th [sévəntìːnθ 세븐틴쓰]
☺☹ 열여덟 번째	eighteenth / 18th [èitíːnθ 에잇틴쓰]
☺☹ 열아홉 번째	nineteenth / 19th [nàintíːnθ 나인틴쓰]
☺☹ 스무 번째	twentieth / 20th [twéntiiθ 트웬티-쓰]
☺☹ 스물한 번째	twenty - first / 21st [twénti-fə́ːrst 트웬티 퍼-스트]
☺☹ 서른 번째	thirtieth / 30th [θə́ːrtiiθ 써-티-쓰]
☺☹ 서른한 번째	thirty - first / 31st [θə́ːrti-fə́ːrst 써-티 퍼-스트]
☺☹ 마흔 번째	fortieth / 40th [fɔ́ːrtiiθ 포-티-쓰]
☺☹ 쉰 번째	fiftieth / 50th [fíftiiθ 피프티-쓰]

☺☹ 예순 번째	sixtieth / 60th [síkstiiθ 씩스티-쓰]
☺☹ 일흔 번째	seventieth / 70th [sévəntiiθ 세븐티-쓰]
☺☹ 여든 번째	eightieth / 80th [éitiiθ 에잇티-쓰]
☺☹ 아흔 번째	ninetieth / 90th [náintiiθ 나인티-쓰]
☺☹ 백 번째	one hundredth / 100th [wʌ́n hʌ́ndrədθ 원 헌드러드쓰]
☺☹ 백한 번째	one hundred first / 101st [wʌ́n hʌ́ndrəd fə́ːrst 원 헌드러드 퍼-스트]
☺☹ 각도	angle [ǽŋgl 앵글]
☺☹ 곱셈	multiplication [mʌ̀ltəplikéiʃən 멀티플리케이션]
☺☹ 나눗셈	division [divíʒən 디비전]
☺☹ 덧셈	addition [ədíʃən 어디션]
☺☹ 동그라미	circle [sə́ːrkl 써-클]
☺☹ 두 번	twice [twáis 트와이스]
☺☹ 면	side [sáid 사이드]

숫자와 수학

☺☹ 모양	shape [ʃéip 쉐이프]
☺☹ 반지름	radius [réidiəs 레이디어스]
☺☹ 뺄셈	subtraction [səbtrǽkʃən 섭트랙션]
☺☹ 삼각형	triangle [trɑ́iæ̀ŋgl 트라이앵글]
☺☹ 선	line [láin 라인]
☺☹ 세 번 / 세 배	three times [θríː táimz 쓰리- 타임즈]
☺☹ 수학	mathematics [mæ̀θəmǽtiks 매쓰매틱스]
☺☹ 숫자	number [nʌ́mbər 넘버-]
☺☹ 연산	operations [ɑ̀pəréiʃənz 아퍼레이션즈]
☺☹ 정사각형	square [skwέər 스퀘어-]
☺☹ 지름	diameter [daiǽmətər 다이애머터-]
☺☹ 직사각형	rectangle [réktæ̀ŋgl 렉탱글]
☺☹ 직선	straight [stréit 스트레잇]
☺☹ 피라미드	pyramid [pírəmìd 피러미드]
☺☹ 한 번	once [wʌ́ns 원스]

나이를 영어로 말해 봐요

나이는 영어로 어떻게 말하고 쓸까요? 분수는요? 처음에는 어렵게 느껴져도 규칙적으로 쓰여지기 때문에 금방 익힐 수 있어요. 몇 가지 예를 보고 나이를 영어로 말해 봐요.

★ 여섯 살 소년 : 6-years-old boy (식스 이어즈 올드 보이)

★ 열 살 소녀 : 10-years-old girl (텐 이어즈 올드 걸)

★ 내 나이는? : ____________________

★ 1/2(2분의 1) : ① one-half ② a half
원- 헬프 어 헬프

★ 1/3(3분의 1) : ① one-third ② a third
원- 써드 어 써드

★ 1/4(4분의 1) : ① one-fourth ② a quarter
원- 포-쓰 어 쿼-터

★ 1/5(5분의 1) : ① one-fifth ② a fifth
원- 피프쓰 어 피프쓰

★ 2/3(3분의 2) : two-thirds
투- 써드즈

★ 3/5(5분의 3) : three-fifths
쓰리 피프쓰

★ 3 + 5/8(3 더하기 8분의 5) :
three and five-eighths
쓰리 앤 파이브 에잇쓰

때와 시간 읽기 (Time)

☺☹ 날짜	date [déit 데이트]
☺☹ 내일	tomorrow [təmɔ́ːrou 투모-로우]
☺☹ 년	year [jíər 이어-]
☺☹ 다음 달	next month [nekst mʌ́nθ 넥스트 먼쓰]
☺☹ 다음 주	next week [nékst wíːk 넥스트 윅-]
☺☹ 다음 해 / 내년	next year [nékst jíər 넥스트 이어-]
☺☹ 달	month [mʌ́nθ 먼쓰]
☺☹ 매일	everyday [évridèi 에브리데이]

☺☹ 밤 | night [náit 나잇]
☺☹ 분 | minute [mínit 미닛트]
☺☹ 새벽 | dawn [dɔ́ːn 돈]
☺☹ 시 | o'clock [əklɑ́k 어클락]
☺☹ 시간 | time [táim 타임]
☺☹ 아침 | morning [mɔ́ːrniŋ 모-닝]
☺☹ 어제 | yesterday [jéstərdèi 예스터-데이]
☺☹ 오늘 | today [tədéi 투데이]
☺☹ 오늘 밤 | tonight [tənáit 투나잇]
☺☹ 오전 | A.M. [éiém 에이엠]
☺☹ 오후 | P.M. [píːém 피-엠]
☺☹ 오후 | afternoon [ǽftərnúːn 애프터-눈-]
☺☹ 이번 달 | this month [ðís mʌ́nθ 디스 먼쓰]
☺☹ 이번 주 / 금주 | this week [ðís wíːk 디스 윅-]

☺☹ 이번 해 / 금년	this year [ðís jíər 디스 이어-]
☺☹ 저녁	evening [íːvniŋ 이-브닝]
☺☹ 정오(낮 12시경)	noon [núːn 눈-]
☺☹ 주	week [wíːk 윅-]
☺☹ 주말	weekend [wíːkènd 위-켄드]
☺☹ 지난 달	last month [láːst mʌ́nθ 라-스트 먼쓰]
☺☹ 지난 주	last week [láːst wíːk 라-스트 윅-]
☺☹ 지난 해	last year [láːst jíər 라-스트 이어-]
☺☹ 초	second [sékənd 세컨드]
☺☹ 평일	weekdays [wíːkdèiz 위-크데이즈]
☺☹ 하루	day [déi 데이]
☺☹ 한밤	midnight [mídnàit 미드나잇]
☺☹ 한 시간	hour [áuər 아우어-]

시간을 영어로 말해 봐요

➔ 시간을 영어로 읽는 법을 배워 봐요. 시간을 잘 읽기 위해서는 앞에서 배운 숫자를 잘 알고 있어야 합니다. 처음에는 어렵지만 반복해서 읽고 써 보면 쉽게 따라 할 수 있답니다.

2:00 (2시)
two o'clock
투 어클락

2:05 (2시 5분)
two oh five
투 오 파이브

2:15 (2시 15분)
two fifteen
투 피프틴

2:20 (2시 20분)
two twenty
투 트웬티

2:30(2시 30분)
two thirty
투 써-티

2:40 (2시 40분)
two forty
투 포-티

2:45 (2시 45분)
two forty-five
투 포-티 파이브

2:55 (2시 55분)
two fifty-five
투 피프티 파이브

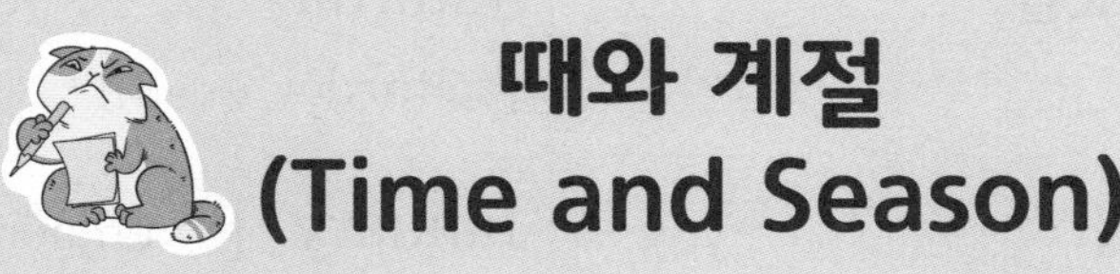

때와 계절 (Time and Season)

☺☹ 기념일	anniversary [ænəvə́ːrsəri 애너버-서리]
☺☹ 계절	season [síːzn 씨-즌]
☺☹ 생일	birthday [bə́ːrθdèi 버-쓰데이]
☺☹ 휴일 / 휴가	holiday [hɑ́lədèi 할러데이]
☺☹ 일요일	Sunday [sʌ́ndei 선데이]
☺☹ 월요일	Monday [mʌ́ndei 먼데이]
☺☹ 화요일	Tuesday [tjúːzdei 튜-즈데이]
☺☹ 수요일	Wednesday [wénzdei 웬즈데이]
☺☹ 목요일	Thursday [θə́ːrzdei 써-즈데이]

☺ ☹ 금요일 | Friday [fráidei 프라이데이]

☺ ☹ 토요일 | Saturday [sǽtərdèi 새터-데이]

☺ ☹ 1월 | January [dʒǽnjuèri 재뉴에리]

☺ ☹ 2월 | February [fébruèri 페브루에리]

☺ ☹ 3월 | March [mɑ́ːrtʃ 마-치]

☺ ☹ 4월 | April [éiprəl 에이프럴]

☺ ☹ 5월 | May [méi 메이]

☺ ☹ 6월 | June [dʒúːn 준]

☺ ☹ 7월 | July [dʒuːlái 줄라이]

☺ ☹ 8월 | August [ɔ́ːgəst 오-거스트]

☺ ☹ 9월 | September [septémbər 셉템버-]

☺ ☹ 10월 | October [ɑktóubər 악토우버-]

☺ ☹ 11월 | November [nouvémbər 노우벰버-]

☺ ☹ 12월 | December [disémbər 디셈버-]

☺☹ 봄	spring [spríŋ 스프링]
☺☹ 여름	summer [sʌ́mər 썸머-]
☺☹ 가을	autumn [ɔ́:təm 오-텀]
☺☹ 가을	fall [fɔ:l 폴]
☺☹ 겨울	winter [wíntər 윈터-]

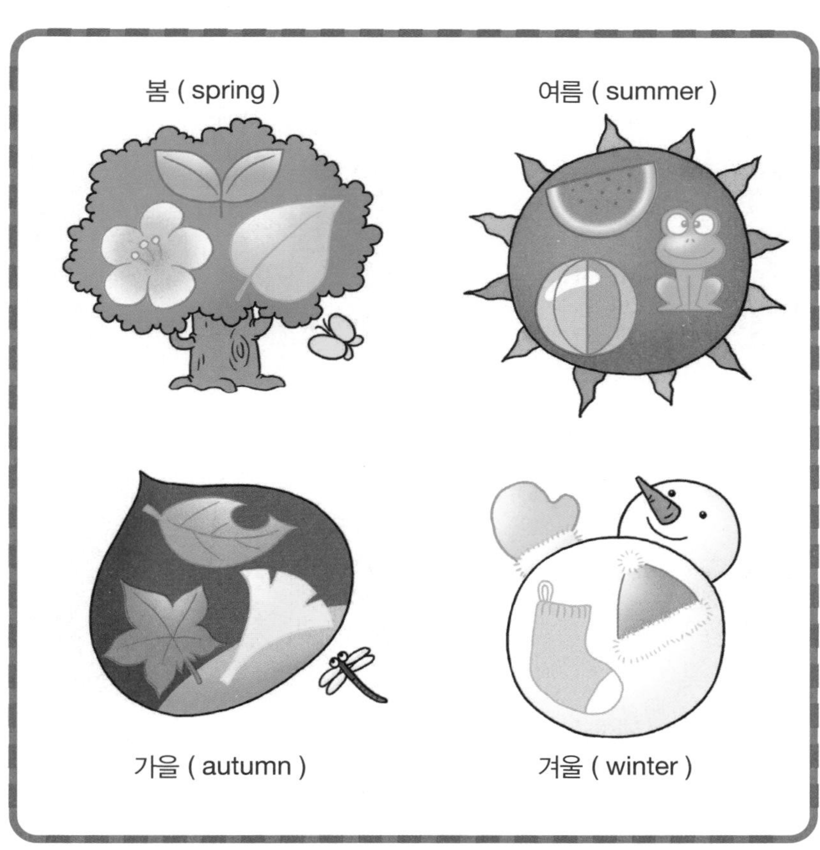

날짜를 영어로 말해 봐요

➔ 날짜를 영어로 쓰고 말하는 법을 배워 봐요. 미국에서는 우리와 반대로 날짜를 적으므로 주의해야 해요. 이제 영어 일기 쓰기도 쉽겠지요.

2004년 1월 3일

January 3, 2004
재뉴에리 써-드, 투 싸우전드 포-

2005년 2월 5일

February 5, 2005
페브루에리 피프쓰, 투 싸우전드 파이브

2006년 3월 10일

March 10, 2006
마-치 텐쓰, 투 싸우전드 씩스

2007년 4월 12일

April 12, 2007
에이프럴 트웰프쓰, 투 싸우전드 세븐

2008년 5월 15일

May 15, 2008
메이 피프틴쓰 투 싸우전드 에잇

2009년 6월 19일

June 19, 2009
준 나인틴쓰, 투 싸우전드 나인

2010년 7월 21일

July 21, 2010
줄라이 트웬티 퍼-스트, 트웬티 텐

2011년 8월 23일

August 23, 2011
오-거스트 트웬티 써-드, 트웬티 일레븐

2012년 9월 24일

September 24, 2012
셉템버- 트웬티 포-쓰, 트웬티 트웰브

2013년 10월 27일

October 27, 2013
악토우버- 트웬티 세븐쓰, 트웬티 써-틴

2014년 11월 29일

November 29, 2014
노우벰버- 트웬티 나인쓰, 트웬티 포-틴

2015년 12월 30일

December 30, 2015
디셈버- 써-티-쓰, 트웬티 피프틴

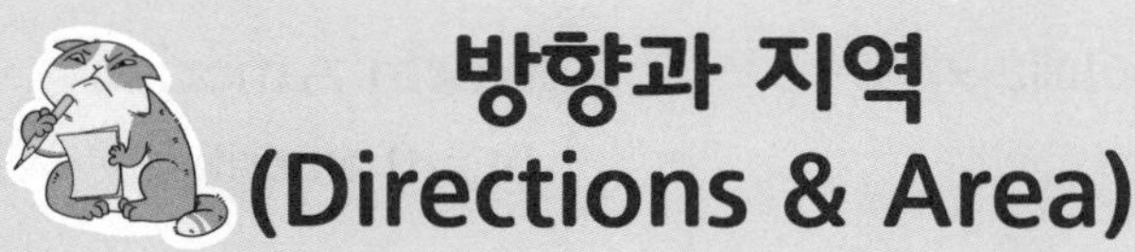

방향과 지역 (Directions & Area)

☺☹ 남극	the South Pole [ðə sauθ poul 더 싸우쓰 포울]
☺☹ 남아메리카	South America [sauθ əmérikə 싸우쓰 어메리커]
☺☹ 남쪽	the south [ðə sauθ 더 싸우쓰]
☺☹ 대륙	continent [kantənənt 칸터넌트]
☺☹ 대서양	the Atlantic Ocean [ði ætlǽntik óuʃən 디 애틀랜틱 오우션]
☺☹ 동쪽	the east [ði iːst 디 이-스트]

☺ ☹ 북극 | the North Pole
[ðə nɔːrθ poul 더 노-쓰 포울]

☺ ☹ 북아메리카 | North America
[nɔːrθ əmérikə 노-쓰 어메리커]

☺ ☹ 북쪽 | the north [ðə nɔːrθ 더 노-쓰]

☺ ☹ 사막 | desert [dézərt 데저-트]

☺ ☹ 서쪽 | the west [ðə west 더 웨스트]

☺ ☹ 섬 | Island [áilənd 아일런드]

☺ ☹ 아시아 | Asia [éiʃə 에이쉬]

☺ ☹ 아프리카 | Africa [ǽfrikə 애프리커]

☺ ☹ 열대지역 | the tropics
[ðə trápiks 더 트라픽스]

☺ ☹ 오세아니아 | Oceania
[òuʃiǽniə 오우쉬애니어]

☺ ☹ 유럽 | Europe [júərəp 유럽]

☺ ☹ 인도양 | the Indian Ocean
[ði índiən óuʃən 더 인디언 오우션]

☺ ☹ 태평양 | the Pacific Ocean
[ðə pəsífik óuʃən 더 퍼시픽 오우션]

북쪽 (the north)
서쪽 (the west)
동쪽 (the east)
남쪽 (the south)

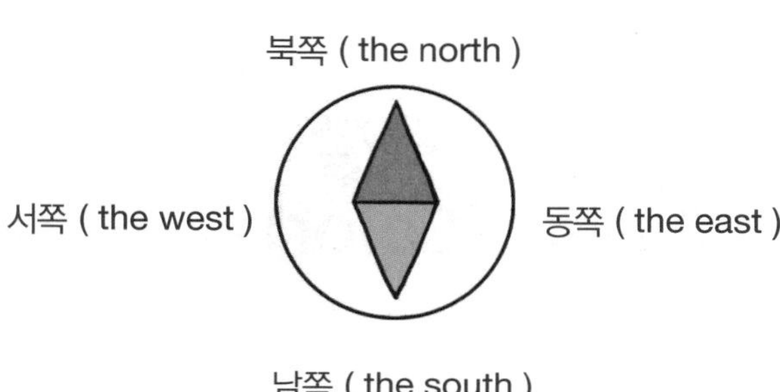

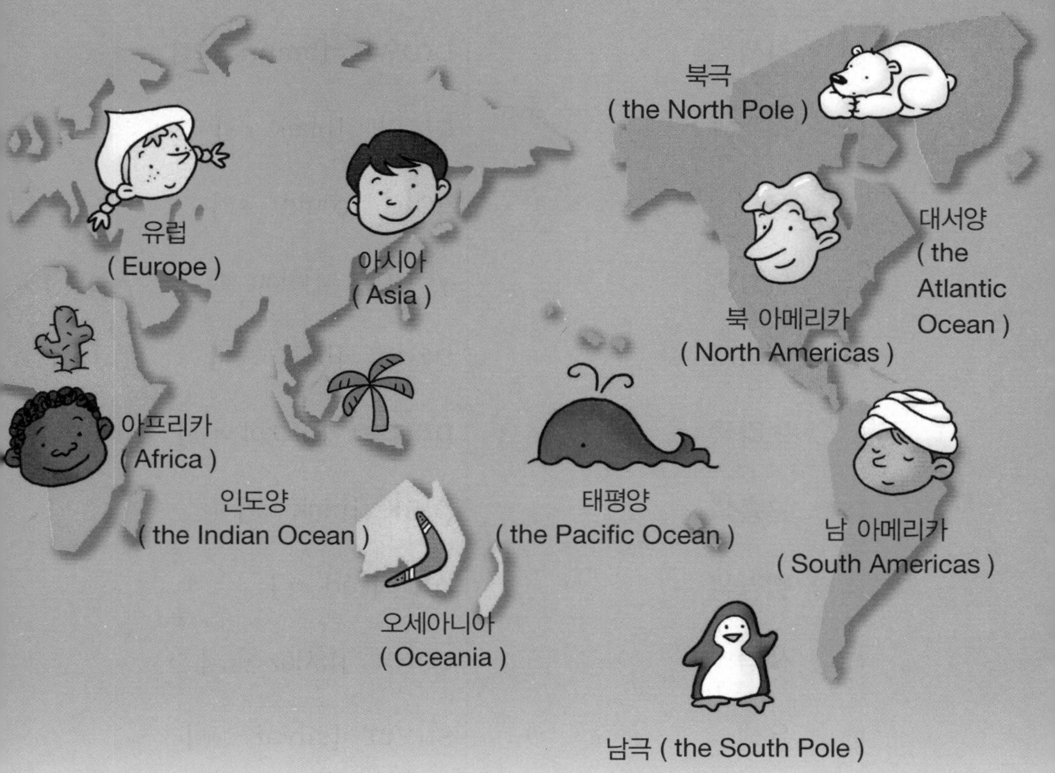

북극
(the North Pole)
유럽
(Europe)
아시아
(Asia)
대서양
(the
Atlantic
Ocean)
북 아메리카
(North Americas)
아프리카
(Africa)
인도양
(the Indian Ocean)
태평양
(the Pacific Ocean)
남 아메리카
(South Americas)
오세아니아
(Oceania)
남극 (the South Pole)

색깔 (Color)

☺☹ 갈색	brown [bráun 브라운]
☺☹ 검은색	black [blǽk 블랙]
☺☹ 금색	gold [góuld 고울드]
☺☹ 노랑색	yellow [jélou 옐로우]
☺☹ 베이지	beige [béiʒ 베이지]
☺☹ 보라색	purple [pə́ːrpl 퍼-플]
☺☹ 분홍색	pink [píŋk 핑크]
☺☹ 빨강색	red [réd 레드]
☺☹ 색깔	color [kʌ́lər 컬러-]
☺☹ 은색	silver [sílvər 실버-]

☺☹ **주황색**	**orange** [ɔ́:rindʒ 오-린지]
☺☹ **초록색**	**green** [gríːn 그린]
☺☹ **파랑색**	**blue** [blúː 블루-]
☺☹ **하늘색**	**sky blue** [skái blúː 스카이 블루-]
☺☹ **회색**	**gray** [gréi 그레이]
☺☹ **흰색**	**white** [*h*wáit 화이트]

가족과 친인척 (Family and Relatives)

☺☹ 가정	home [hóum 홈]
☺☹ 가족	family [fǽməli 패멀리]
☺☹ 남편	husband [hʌ́zbənd 허즈번드]
☺☹ 딸	daughter [dɔ́ːtər 도-터-]
☺☹ 며느리	daughter-in-law [dɔ́ːtərinlɔ̀ː 도-터- 인 로-]
☺☹ 부모	parents [pέərəntʃ 패어런츠]
☺☹ 부인	wife [wáif 와이프]
☺☹ 사위	son-in-law [sʌninlɔ̀ː 선 인 로-]
☺☹ 사촌	cousin [kʌ́zn 커즌]

☺☹ 손녀	granddaughter [grænddɔ́:tər 그랜드도-터-]
☺☹ 손자 손녀들	grandchildren [grǽndtʃíldrən 그랜드칠드런]
☺☹ 손자	grandson [grǽndsʌ̀n 그랜드선]
☺☹ 아기	baby [béibi 베이비]
☺☹ 아들	son [sʌ́n 선]
☺☹ 아버지	father [fɑ́:ðər 파-더-]
☺☹ 아빠	dad [dǽd 대드]
☺☹ 아이 / 자식	child [tʃáild 차일드]
☺☹ 아저씨 / 삼촌	uncle [ʌ́ŋkl 엉클]
☺☹ 아주머니 / 고모 / 이모	aunt [ǽnt 앤트]
☺☹ 어머니	mother [mʌ́ðər 머더-]
☺☹ 언니 / 누나 / 여동생	sister [sístər 시스터-]
☺☹ 엄마	mom [mɑ́m 맘]
☺☹ 오빠 / 형 / 남동생	brother [brʌ́ðər 브러더-]
☺☹ 장모 / 시어머니	mother-in-law [mʌ́ðərinlɔ̀: 머더- 인 로-]

☺☹ 장인 / 시아버지 | father-in-law [fáːðərinlɔ̀ː 파-더- 인 로-]

☺☹ 조부모 | grandparents [grǽndpɛ̀ərəntʃ 그랜드페어런츠]

☺☹ 조카 | nephew [néfjuː 네퓨-]

☺☹ 조카딸 | niece [níːs 니-스]

☺☹ 친척 | relatives [rélətivz 렐러티브즈]

나 I [ai, ái 아이]

소년
boy
[bɔi 보이]

소녀
girl
[gəːrl 걸]

형, 오빠
elder brother
[éldər brʌ́ðər 엘더- 부러더-]

누나, 언니
elder sister
[éldər sístər 엘더- 시스터-]

남동생
younger brother
[jʌ́ŋgər brʌ́ðər 영거- 부러더-]

여동생
younger sister
[jʌ́ŋgər sístər 영거- 시스터-]

할머니

grandmother

[grǽndmʌ̀ðər 그랜드머더-]

할아버지

grandfather

[grǽndfɑ̀ːðər 그랜드파-더-]

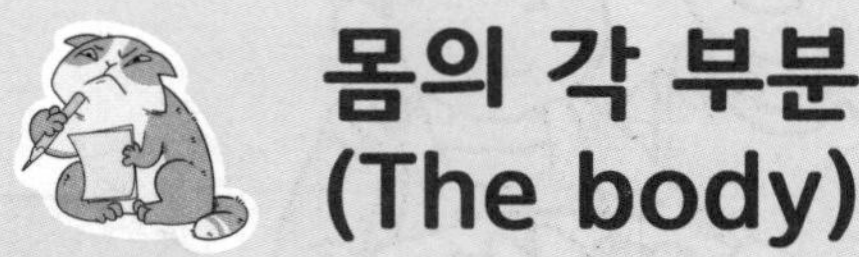

몸의 각 부분 (The body)

☺ ☹ 가슴	chest [tʃést 체스트]
☺ ☹ 가운데손가락	middle finger [mídl fíŋgər 미들 핑거-]
☺ ☹ 간	liver [lívər 리버-]
☺ ☹ 귀	ear [íər 이어-]
☺ ☹ 근육	muscle [mʌ́sl 머슬]
☺ ☹ 뇌	brain [bréin 브레인]
☺ ☹ 눈	eye [ai 아이]
☺ ☹ 눈꺼풀	eyelid [áilìd 아이리드]
☺ ☹ 눈썹	eyebrow [áibràu 아이브라우]

☺☹ 늑골 / 갈빗대	rib [rib 리브]
☺☹ 다리	leg [lég 레그]
☺☹ 대머리	bald [bɔ́:ld 볼드]
☺☹ 대장	large intestine [lá:rdʒ intéstin 라-지 인테스틴]
☺☹ 동맥	arteries [á:rtəriz 아-터리즈]
☺☹ 뒤꿈치	heel [hí:l 힐]
☺☹ 등	back [bǽk 백]
☺☹ 머리	head [héd 헤드]
☺☹ 머리카락	hair [hɛ́ər 헤어-]
☺☹ 목	neck [nék 넥]
☺☹ 목구멍	throat [θróut 쓰로웃]
☺☹ 목소리	voice [vɔ́is 보이스]
☺☹ 몸	body [bádi 바디]
☺☹ 무릎	knee [ní: 니-]
☺☹ 발	foot [fút 풋]
☺☹ 발가락	toe [tóu 토우]

☺☹ **발목**	**ankle** [ǽŋkl 앵클]
☺☹ **발톱**	**toenail** [tóunèil 토우네일]
☺☹ **배**	**abdomen** [ǽbdəmən 앱더먼]
☺☹ **뺨**	**cheek** [tʃíːk 칙]
☺☹ **뼈**	**bone** [bóun 본]
☺☹ **새끼손가락**	**little finger** [lítl fíŋgər 리틀 핑거-]
☺☹ **소장**	**small intestine** [smɔ́ːl intéstin 스몰 인테스틴]

☺☹ 속눈썹	eyelashes [áilæ̀ʃiz 아이래쉬즈]
☺☹ 손	hand [hǽnd 핸드]
☺☹ 손가락	finger [fíŋgər 핑거-]
☺☹ 손목	wrist [ríst 뤼스트]
☺☹ 손바닥	palm [pá:m 팜]
☺☹ 손톱	fingernail [fíŋgərnèil 핑거-네일]
☺☹ 신경	nerve [nə́:rv 너-브]
☺☹ 신장	kidney [kídni 키드니]
☺☹ 심장	heart [há:rt 하-트]
☺☹ 약손가락	ring finger [ríŋ fíŋgər 링 핑거-]
☺☹ 어깨	shoulder [ʃóuldər 쇼울더-]
☺☹ 얼굴	face [féis 페이스]
☺☹ 엄지손가락	thumb [θʌ́m 썸]
☺☹ 엉덩이	hip [híp 힢]
☺☹ 엉덩이	buttocks [bʌ́təks 버턱스]

☺☹ 위 | stomach [stʌ́mək 스터먹]

☺☹ 이 | tooth [túːθ 투-쓰]

☺☹ 이마 | forehead [fɔ́ːrhèd 포-헤드]

☺☹ 입 | mouth [máuθ 마우쓰]

☺☹ 입술 | lip [líp 립]

☺☹ 정맥 | veins [véinz 베인즈]

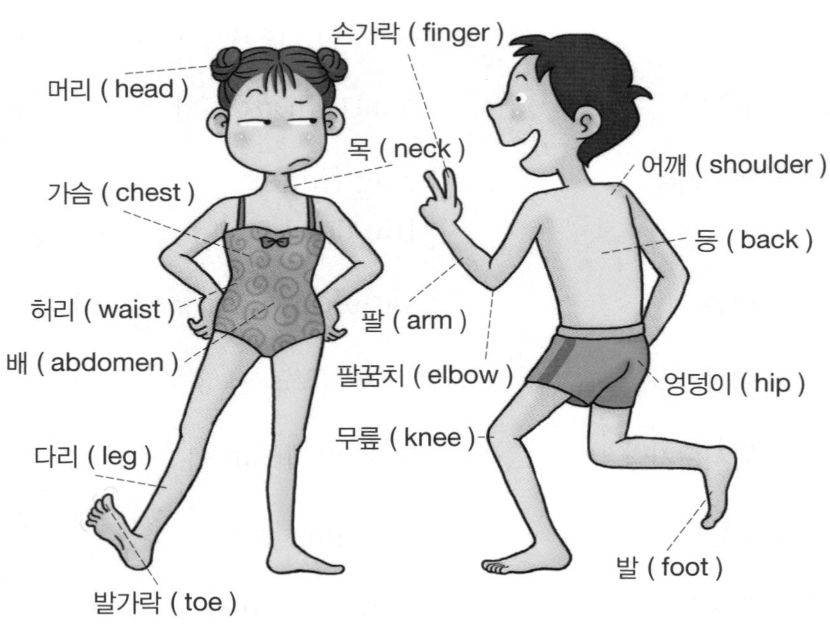

☺☹ 종아리	calf [kǽf 캐프]
☺☹ 집게손가락	index finger [índeks fíŋgər 인덱스 핑거-]
☺☹ 코	nose [nóuz 노우즈]
☺☹ 콧수염	mustache [mʌ́stæʃ 머스태쉬]
☺☹ 턱	chin [tʃín 췬]
☺☹ 턱	jaw [dʒɔ́ː 조-]
☺☹ 턱수염	beard [bíərd 비어-드]
☺☹ 팔	arm [άːrm 암]
☺☹ 팔꿈치	elbow [élbou 엘보우]
☺☹ 폐	lung [lʌ́ŋ 렁]
☺☹ 피부	skin [skín 스킨]
☺☹ 허리	waist [wéist 웨이스트]
☺☹ 허벅다리	thigh [θái 싸이]
☺☹ 혀	tongue [tʌ́ŋ 텅]

증상과 상처 (Symptoms and Injuries)

☺☹ 감기	cold [kóuld 코울드]
☺☹ 귀앓이	earache [íərèik 이어-에이크]
☺☹ 기절	faint [féint 페인트]
☺☹ 기침	cough [kɔ́:f 코-프]
☺☹ 두통	headache [hédèik 헤드에이크]
☺☹ 멍	bruise [brú:z 브루-즈]
☺☹ 목아픔	sore throat [sɔ́:r θróut 소어- 쓰로웃]
☺☹ 바이러스	virus [váiərəs 바이어러스]
☺☹ 벌레 물린 상처	insect bite [ínsekt báit 인섹트 바이트]

☺☹ 병	disease [dizíːz 디지-즈]
☺☹ 복통	stomachache [stʌ́məkèik 스터먹에이크]
☺☹ 삠	sprain [spréin 스프레인]
☺☹ 사고	accident [ǽksədənt 액서던트]
☺☹ 상처	injury [índʒəri 인줘리]
☺☹ 시각 장애인들	the blind [ðə bláind 더 브라인드]
☺☹ 신체 장애자들	the disabled [ðə diséibld 더 디세이블드]
☺☹ 심장병	heart disease [háːrt dizíːz 하-트 디지-즈]
☺☹ 오한 / 냉기	chill [tʃil 칠]
☺☹ 열	fever [fíːvər 피-버-]
☺☹ 요통	backache [bǽkèik 백에이크]
☺☹ 임신	pregnancy [prégnənsi 프레그넌시]
☺☹ 재채기	sneeze [sníːz 스니-즈]

☺☹ 전염 / 전염병	infection [infékʃən 인펙션]
☺☹ 증상	symptom [símptəm 심프텀]
☺☹ 청각 장애인들	the deaf [ðə déf 더 데프]
☺☹ 충치	cavity [kǽvəti 캐버티]
☺☹ 치통	toothache [tú:θèik 투-쓰에이크]
☺☹ 코피	bloody nose [blʌ́di nóuz 블러디 노우즈]
☺☹ 콧물	runny nose [rʌ́ni nóuz 러니 노우즈]
☺☹ 토하는 것	vomit [vámit 바밋]
☺☹ 할퀸 상처	scratch [skrǽtʃ 스크래치]
☺☹ 현기증	dizzy [dízi 디지]
☺☹ 화상	burn [bə́:rn 번-]
☺☹ 환자	patient [péiʃənt 페이션트]
☺☹ 햇볕에 타서 쓰리고 아픈 것	sunburn [sʌ́nbə:rn 선번-]

똥은 영어로 뭐라고 하나요?

➔ 우리가 신체 활동을 활발히 하면서 발생하는 현상이나 물질, 노폐물(쓰레기와 비슷한 것으로 몸에서 불필요해서 몸 밖으로 내보내는 물질)에는 무엇이 있나요. 영어로 말해 봐요.

★ 눈물 : tear [tiər 티어]

★ 눈곱 : eye-wax [ai wǽks 아이 왝스]

★ 침 : spit [spít 스핏]

★ 콧물 : snivel [snívəl 스니벌]

★ 코딱지 : nose-wax [nóuz wǽks 노우즈 왝스]

★ 귀지 : ear-wax [íər wǽks 이어 왝스]

★ 비듬 : scurf [skə́ːrf 스커-프]

★ 오줌 : urine [júərin 유린] / piss [pís 피스]

★ 똥 : ordure [ɔ́ːrdʒər 오-저-]

★ 방귀 : wind [wínd 윈드]

★ 트림 : belch [béltʃ 벨치] / burp [bə́ːrp 버-프]

★ 딸꾹질 : hiccups [híkəps 히컾스]

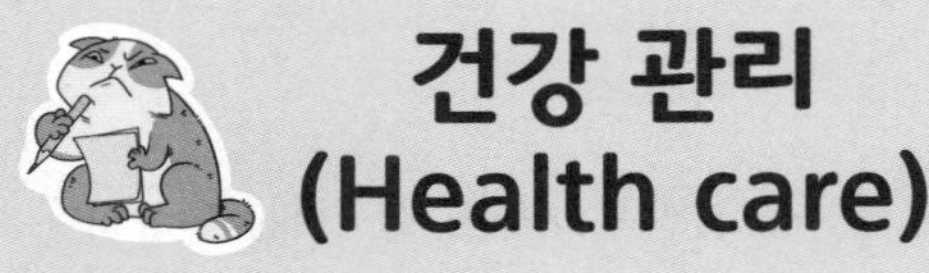

건강 관리 (Health care)

☺ ☹ 간호사	nurse [nə́:rs 너-스]
☺ ☹ 감기약	cold tablet [kóuld tǽblit 코울드 태브릿]
☺ ☹ 건강 관리	health care [hélθkὲər 헬쓰 케어-]
☺ ☹ 규정식 / 식이요법	diet [dáiət 다이어트]
☺ ☹ 기침약물	cough syrup [kɔ́:f sírəp 코-프 시럽]
☺ ☹ 깁스	cast [kǽst 캐스트]
☺ ☹ 내과의사	physician [fizíʃən 피지션]
☺ ☹ 목발	crutches [krʌ́tʃiz 크러치즈]

☺☹ 병원 hospital [hɑ́spitl 하스피틀]

☺☹ 붕대 bandage [bǽndidʒ 밴디지]

☺☹ 비타민 vitamin [váitəmin 바이터민]

☺☹ 상처 꿰매기 stitches [stítʃiz 스티치즈]

☺☹ 수술 surgery [sə́ːrdʒəri 서-저리]

☺☹ 안과의사 ophthalmologist [ɔ́fθælmalədʒist 옾썰말러지스트]

☺☹ 안약 eye drops [ai drɑ́ps 아이 드랍스]

☺☹ 알약 pill [pil 필]

☺☹ 약 medicine [médəsin 메드신]

☺☹ 약사 druggist [drʌ́gist 드러기스트]

☺☹ 약사 chemist [kémist 케미스트]

☺☹ 양치질 gargle [gɑ́ːrgl 가-글]

☺☹ 엑스레이 X-rays [éksrèiz 엑스레이즈]

☺☹ 엑스레이 촬영기사 X-ray technician [éksrèi tekníʃən 엑스레이 테크니션]

☺☹ 연고 ointment [ɔ́intmənt 오인트먼트]

☺☹ 외과의사 | surgeon [sə́ːrdʒən 서-젼]

☺☹ 운동 | exercise [éksərsàiz 엑서-사이즈]

☺☹ 의사 | doctor [dɑ́ktər 닥터-]

☺☹ 정신과의사 | psychiatrist [sàikaiətrist 사이카이어트리스트]

☺☹ 조제 | pharmacy [fɑ́ːrməsi 파-머시]

☺☹ 주사 | injection [indʒékʃən 인젝션]

☺☹ 진통제 | aspirin [ǽspərin 애스퍼린]

☺☹ 처방전 | prescription [priskrípʃən 프리스크립션]

☺☹ 체온계 | thermometer [θərmɑ́mətər 써-마머터-]

☺☹ 치과의사 | dentist [déntist 덴티스트]

☺☹ 치료 | therapy [θérəpi 쎄러피]

☺☹ 피검사 | blood test [blʌ́d tést 블러드 테스트]

☺☹ 휠체어 | wheelchair [hwíːltʃɛ̀ər 휠체어-]

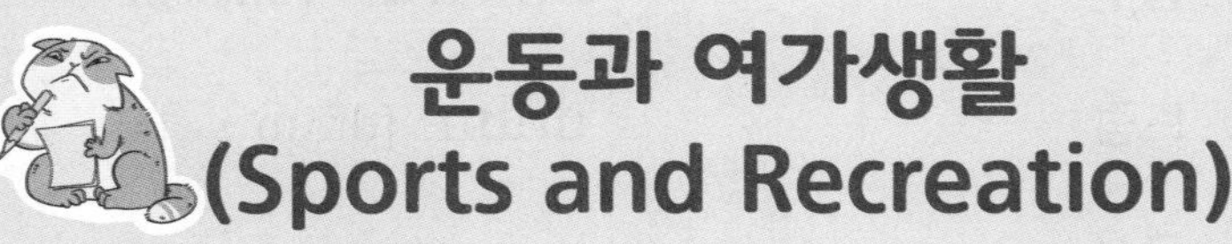

운동과 여가생활 (Sports and Recreation)

감독	manager [mǽnidʒər 매니저-]
걷기	walking [wɔ́ːkiŋ 워-킹]
걸음	step [stép 스텝]
골프	golf [gɔ́lf 골프]
그림	picture [píktʃər 픽쳐-]
기타	guitar [gitáːr 기타-]
낚시	fishing [fíʃiŋ 피싱]
노래	song [sɔ́ːŋ 송]
농구	basketball [bǽskitbɔ̀ːl 배스킷볼]

☺☹	달리기	running [rʌ́niŋ 러닝]
☺☹	당구	billiards [bíljərdz 빌저-드즈]
☺☹	드럼	drum [drʌ́m 드럼]
☺☹	등산	mountaineering [màuntəníəriŋ 마운터니어링]
☺☹	디자인	design [dizáin 디자인]
☺☹	래프팅	rafting [rǽftiŋ 래프팅]
☺☹	레슬링	wrestling [résliŋ 레슬링]
☺☹	롤러스케이팅	roller skating [róulər skèitiŋ 로울러-스케이팅]
☺☹	마라톤	marathon [mǽrəθən 매러썬]
☺☹	만화	cartoon [kɑːrtúːn 카-툰]
☺☹	미식축구	football [fútbɔ̀ːl 풋볼]
☺☹	바이올린	violin [vàiəlín 바이얼린]
☺☹	발레	ballet [bǽlei 밸레이]
☺☹	배구	volleyball [vɑ́libɔ̀ːl 발리볼]
☺☹	배타기	sailing [séiliŋ 세일링]

☺☹ 볼링	bowling [bóuliŋ 보울링]
☺☹ 사진	photograph [fóutəgræ̀f 포터그래프]
☺☹ 선수	player [pléiər 플레이어-]
☺☹ 소풍	picnic [píknik 피크닉]
☺☹ 수영	swimming [swímiŋ 스위밍]
☺☹ 스케이팅	skating [skéitiŋ 스케이팅]
☺☹ 스키	skiing [skíːiŋ 스키잉]
☺☹ 실로폰	xylophone [záiləfòun 자일러포운]
☺☹ 심판	referee [rèfəríː 레프리-]
☺☹ 심판	umpire [ʌ́mpaiər 엄파이어-]
☺☹ 아이스 하키	ice hockey [áis hάki 아이스 하키]
☺☹ 아코디언	accordion [əkɔ́ːrdiən 어코-디언]
☺☹ 야구	baseball [béisbɔ̀ːl 베이스볼]

☺☹ 야구경기	baseball game [béisbɔ̀ːl géim 베이스볼 게임]
☺☹ 야구방망이	baseball bat [béisbɔ̀ːl bǽt 베이스볼 뱃]
☺☹ 야구복	baseball uniform [béisbɔ̀ːl júːnəfɔ̀ːrm 베이스볼 유너폼]
☺☹ 야구선수	baseball player [béisbɔ̀ːl pléiər 베이스볼 플레이어-]
☺☹ 야구장갑	baseball glove [béisbɔ̀ːl glʌ́v 베이스볼 글러브]
☺☹ 양궁	archery [ɑ́ːrtʃəri 아-처리]
☺☹ 여가생활	recreation [rèkriéiʃən 레크리에이션]
☺☹ 여행	travel [trǽvəl 트래블]
☺☹ 여행	trip [trip 트립]
☺☹ 연극	play [plei 플레이]
☺☹ 영화	movie [múːvi 무-비]
☺☹ 예술 / 미술	art [ɑ́ːrt 아-트]

☺☹ 오르간	organ [ɔ́ːrgən 오-건]
☺☹ 오페라	opera [ápərə 아퍼러]
☺☹ 운동경기	sport [spɔ́ːrt 스포-트]
☺☹ 음악	music [mjúːzik 뮤-직]
☺☹ 인라인스케이팅	inline skating [ínlàin skèitiŋ 인라인 스케이팅]
☺☹ 전시회	exhibition [èksəbíʃən 엑서비션]
☺☹ 전자오르간	electronic organ [ilèktrénik ɔ́ːrgən 일렉트레닉 오-건]
☺☹ 점수	score [skɔ́ːr 스코-어]
☺☹ 조깅	jogging [dʒɔ́giŋ 조깅]
☺☹ 첼로	cello [tʃélou 첼로우]
☺☹ 축구	soccer [sákər 사커-]
☺☹ 춤	dance [dǽns 댄스]
☺☹ 카니발	carnival [káːrnəvəl 카-너블]
☺☹ 캠핑	camping [kǽmpiŋ 캠핑]
☺☹ 코미디	comedy [kámədi 카머디]

☺☹ 코치	coach [kóutʃ 코우치]
☺☹ 콘서트	concert [kánsəːrt 칸서-트]
☺☹ 타자	batter [bǽtər 배터-]
☺☹ 탁구	ping-pong [píŋ pàŋ 핑팡]
☺☹ 탬버린	tambourine [tæ̀mbəríːn 탬버린]
☺☹ 테니스	tennis [ténis 테니스]
☺☹ 투수	pitcher [pítʃər 피처-]
☺☹ 트럼펫	trumpet [trʌ́mpit 트럼핏]
☺☹ 팀	team [tíːm 팀]
☺☹ 펜싱	fencing [fénsiŋ 펜싱]
☺☹ 포수	catcher [kǽtʃər 캐처-]
☺☹ 플루트	flute [flúːt 플룻]
☺☹ 피아노	piano [piǽnou 피애노우]
☺☹ 하이킹 / 도보여행	hiking [háikiŋ 하이킹]
☺☹ 합창	chorus [kɔ́ːrəs 코-러스]

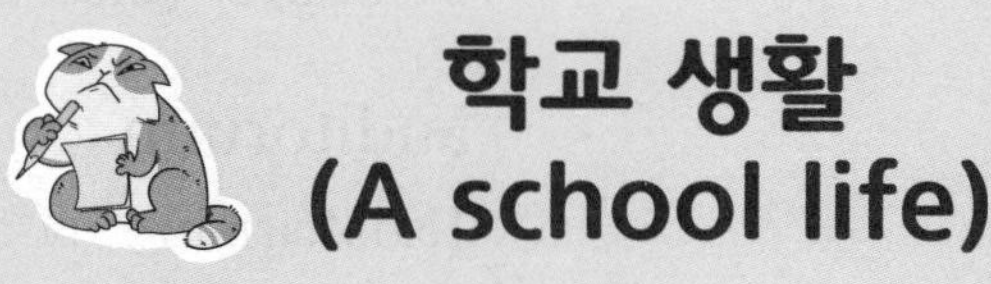

학교 생활 (A school life)

☺ ☹ 1학년 | **the first grade**
[ðə fə́:rst gréid 더 퍼-스트 그레이드]

☺ ☹ 2학년 | **the second grade**
[ðə sékənd gréid 더 세컨드 그레이드]

☺ ☹ 3학년 | **the third grade**
[ðə θə́:rd gréid 더 써-드 그레이드]

☺ ☹ 4학년 | **the fourth grade**
[ðə fɔ́:rθ gréid 더 포-쓰 그레이드]

☺ ☹ 5학년 | **the fifth grade**
[ðə fífθ gréid 더 피프쓰 그레이드]

☺ ☹ 6학년 | **the sixth grade**
[ðə síksθ gréid 더 씩스쓰 그레이드]

☺☹	가방	bag [bǽg 백]
☺☹	가위	scissors [sízərz 씨저-즈]
☺☹	강당	auditorium [ɔ̀ːdətɔ́ːriəm 오더토-리엄]
☺☹	결석	absence [ǽbsəns 엡선스]
☺☹	고등학교	high school [hái skúːl 하이 스쿨]
☺☹	공립학교	public school [pʌ́blik skúːl 퍼블릭 스쿨]
☺☹	공부	study [stʌ́di 스터디]
☺☹	공책	notebook [nóutbuk 노우트북]
☺☹	과목	subject [sʌ́bdʒikt 서브직트]
☺☹	과학	science [sáiəns 사이언스]
☺☹	교감 선생님	vice principal [váis prínsəpəl 바이스 프린서펄]
☺☹	교과서	textbook [tékstbuk 텍스트북]
☺☹	교무실	teachers' lounge [tíːtʃərs láundʒ 티처-스 라운지]

☺☹ 교실	classroom [klǽsrù:m 클래스룸]
☺☹ 교장 선생님	principal [prínsəpəl 프린서펄]
☺☹ 교장실	principal's office [prínsəpəlz ɔ́:fis 프린서펄즈 오-피스]
☺☹ 국기	flag [flǽg 플래그]
☺☹ 그림물감	watercolors [wɔ́:tərkʌ̀lərs 워-터-컬러-스]
☺☹ 급식	meal service [mí:l sə́:rvis 밀 서-비스]
☺☹ 나이	age [éidʒ 에이지]
☺☹ 대답	answer [ǽnser 앤써-]
☺☹ 대학	college [kálidʒ 칼리지]
☺☹ 대학교	university [jù:nəvə́:rsəti 유-니버-스티]
☺☹ 도서관	library [láibrəri 라이브러리]
☺☹ 동급생	classmate [klǽsmèit 클래스메이트]

☺☹ 마우스 | mouse [máus 마우스]

☺☹ 말 / 단어 | word [wə́ːrd 워-드]

☺☹ 망원경 | telescope [téləskòup 텔러스코우프]

☺☹ 모니터 | monitor [mɔ́nətər 모니터-]

☺☹ 몸무게 | weight [wéit 웨잇]

☺☹ 물리 | physics [fíziks 피직스]

☺☹ 미술 | art [ɑ́ːrt 아-트]

☺☹ 방학 | vacation [veikéiʃən 베이케이션]

☺☹ 번호 | number [nʌ́mbər 넘버-]

☺☹ 복습 | review [rivjúː 리뷰-]

☺☹ 분필 | chalk [tʃɔ́ːk 초-크]

☺☹ 붓 | brush [brʌ́ʃ 브러쉬]

☺☹ 비커 | beaker [bíːkər 비-커-]

☺☹ 사립학교 | private school [práivət skúːl 프라이벗 스쿨]

☺☹ 사물함 | locker [lɑ́kər 락커-]

☺☹ 사전 — dictionary [díkʃənèri 딕셔네리]

☺☹ 상담 선생님 — counselor [káunsələr 카운슬러-]

☺☹ 색종이 — colored paper [kʌ́lərd péipər 컬러-드 페이퍼-]

☺☹ 생물 — biology [baiɑ́lədʒi 바이알러지]

☺☹ 선생님 — teacher [tíːtʃər 티-처-]

☺☹ 수업 — lesson [lésn 레슨]

☺☹ 수학 — math [mæ̀θ 매쓰]

☺☹ 숙제 — homework [hóumwəːrk 홈워-크]

☺☹ 스캐너 — scanner [skǽnər 스캐너-]

☺☹ 시험 — examination [igzæ̀mənéiʃən 이그재머네이션]

☺☹ 시험 — test [tést 테스트]

☺☹ 시험관 — test tub [tést tʌ́b 테스트 터브]

☺☹ 실내화 — slippers [slípər 슬리퍼-]

☺☹ 실험실 | chemistry lab [kéməstri lǽb 케머스트리 랩]

☺☹ 양호 선생님 | school nurse [skúːl nə́ːrs 스쿨 너-스]

☺☹ 여러 명이 앉는 의자 | bench [béntʃ 벤취]

☺☹ 역사 | history [hístəri 히스터리]

☺☹ 연습 | exercise [éksərsàiz 엑서-사이즈]

☺☹ 연습장 | workbook [wə́ːrkbuk 워-크북]

☺☹ 연필 | pencil [pénsəl 펜슬]

☺☹ 영어 | English [íŋgliʃ 잉글리쉬]

☺☹ 예습 | preparation [prèpəréiʃən 프레퍼레이션]

☺☹ 운동장 | ground [gráund 그라운드]

☺☹ 유치원 | preschool [príːskúːl 프리-스쿨]

☺☹ 음악 | music [mjúːzik 뮤-직]

☺☹ 의자 | chair [tʃέər 체어-]

☺☹ 이름	name [néim 네임]
☺☹ 일기	diary [dáiəri 다이어리]
☺☹ 입학	entrance [éntrəns 엔트런스]
☺☹ 잉크	ink [íŋk 잉크]
☺☹ 자	ruler [rúːlər 룰러-]
☺☹ 자리	seat [síːt 시-트]
☺☹ 자석	magnet [mǽgnit 매그닛]
☺☹ 졸업	graduation [grӕ̀dʒuéiʃən 그래주에이션]
☺☹ 종이	paper [péipər 페이퍼-]
☺☹ 중학교	middle school [mídl skúːl 미들 스쿨]
☺☹ 지도	map [mǽp 맵]
☺☹ 지리	geography [dʒiɑ́grəfi 지아그러피]
☺☹ 지우개	eraser [iréizər 이레이저-]
☺☹ 진행 / 진로	course [kɔ́ːrs 코-스]
☺☹ 질문	question [kwéstʃən 퀘스천]

☺☹ 책 | book [búk 북]

☺☹ 책상 | desk [désk 데스크]

☺☹ 체육관 | gym [dʒím 짐]

☺☹ 초등학교 | primary school [práimeri skú:l 프라이메리 스쿨]

학교 생활

☺☹ 출석	presence [prézns 프레즌스]
☺☹ 칠판 지우개	board eraser [bɔ́ːrd iréizər 보-드 이레이저-]
☺☹ 칠판	blackboard [blǽkbɔːrd 블랙보-드]
☺☹ 칼	knife [naif 나이프]
☺☹ 컴퓨터	computer [kəmpjúːtər 컴퓨-터-]
☺☹ 크레용	crayon [kréiɑn 크레이안]
☺☹ 키	height [háit 하잇]
☺☹ 키보드	keyboard [kíːbɔ̀ːrd 키-보-드]
☺☹ 페이지 / 면	page [péidʒ 페이지]
☺☹ 펜	pen [pén 펜]
☺☹ 풀	glue [glúː 글루-]
☺☹ 프린터	printer [príntər 프린터-]
☺☹ 필통	pencil case [pénsəl keis 펜슬 케이스]

☺☹ 학교 생활 | school life [skúːl láif 스쿨 라이프]

☺☹ 학교 성적 | school record [skúːl rékərd 스쿨 레커-드]

☺☹ 학교 식당 | cafeteria [kæ̀fətíəriə 캐퍼테리어]

☺☹ 학교 차 | school bus [skúːl bʌ́s 스쿨 버스]

☺☹ 학교 친구 | schoolmate [skúːlmèit 스쿨메이트]

☺☹ 학교 | school [skúːl 스쿨]

☺☹ 학급 | class [klǽs 클래스]

☺☹ 학년 | grade [gréid 그레이드]

☺☹ 학생 | student [stjúːdnt 스튜든트]

☺☹ 현미경 | microscope [máikrəskòup 마이크러스코우프]

☺☹ 화장실 | rest room [rést rúːm 레스트 룸]

☺☹ 화학 | chemistry [kéməstri 케머스트리]

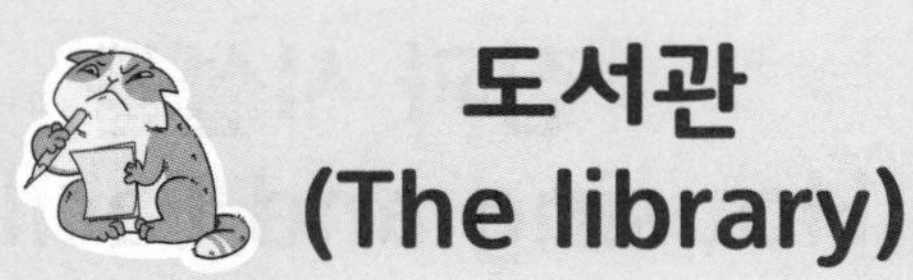

도서관 (The library)

☺ ☹ 도서관	library [láibrəri 라이브러리]
☺ ☹ 백과사전	encyclopedia [insàikləpíːdiə 인사이클러피-디어]
☺ ☹ 사서	librarian [laibrέəriən 라이브레어리언]
☺ ☹ 사전	dictionary [díkʃənèri 딕셔네리]
☺ ☹ 신문	newspaper [njúːspèipər 뉴-스페이퍼-]
☺ ☹ 잡지	magazine [mæ̀gəzíːn 매거진]
☺ ☹ 지도책	atlas [ǽtləs 애틀러스]
☺ ☹ 책장	shelves [ʃèlvz 쉘브즈]

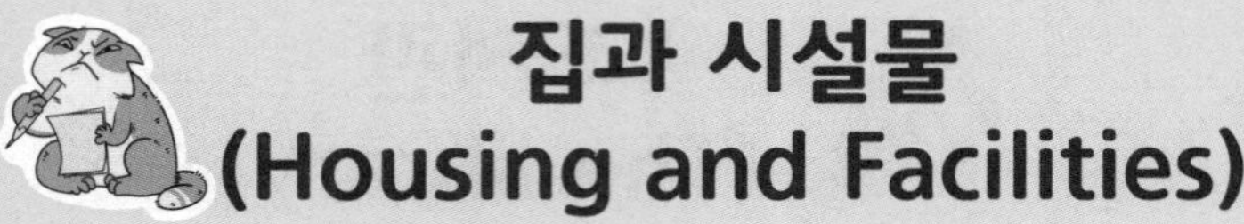

집과 시설물 (Housing and Facilities)

☺ ☹ 1층	first floor [fə́ːrst flɔ́ːr 퍼-스트 플로어-]
☺ ☹ 2층	second floor [sékənd flɔ́ːr 세컨드 플로어-]
☺ ☹ 3층	third floor [θə́ːrd flɔ́ːr 써-드 플로어-]
☺ ☹ 계단	stair [stέər 스테어-]
☺ ☹ 굴뚝	chimney [tʃímni 침니]
☺ ☹ 기둥 / 우편	post [póust 포우스트]
☺ ☹ 냉난방 장치	air conditioner [έər kəndíʃənər 에어 컨디셔너-]

☺☹	다리미	iron [áiər*n* 아이언]
☺☹	대문(앞문)	front door [frʌ́nt dɔ́ːr 프런트 도어-]
☺☹	뒷마당	backyard [bǽkjáːrd 백 야-드]
☺☹	뒷문	back door [bǽk dɔ́ːr 백 도어-]
☺☹	로비(현관의 홀)	lobby [lábi 라비]
☺☹	마당	yard [jáːrd 야-드]
☺☹	마루 걸레	floorcloth [flɔ́ːrklɔ̀ːθ 플로어-클로-쓰]
☺☹	방	room [rùːm 룸]
☺☹	베란다	balcony [bǽlkəni 밸커니]
☺☹	빗자루	broom [brúːm 브룸]
☺☹	세탁기	washing machine [wɔ́ːʃiŋ məʃíː 워-싱 머쉬-]
☺☹	시설물	facilities [fəsílətiz 퍼실러티-즈]
☺☹	엘리베이터	elevator [éləvèitər 엘리베이터-]
☺☹	우편함	mailbox [méilbàks 메일박스]
☺☹	울타리	fence [fens 펜스]

☺☹ 자물쇠	lock [lák 락]
☺☹ 잔디	lawn [lɔːn 론]
☺☹ 정원	garden [gáːrdn 가-든]
☺☹ 주차장	parking lot [páːrkiŋ lát 파-킹 랏]
☺☹ 주택	housing [háuziŋ 하우징]
☺☹ 지붕	roof [rúːf 루-프]
☺☹ 진공청소기	vacuum cleaner [vǽkjuəm klíːnər 베큠 클리-너-]
☺☹ 차고	garage [gəráːʒ 거라-지]
☺☹ 초인종	doorbell [dɔ́ːrbèl 도어-벨]
☺☹ 텔레비전 안테나	TV antenna [tíːví ænténə 티-비 앤테너]
☺☹ 하수구	drain [drein 드레인]
☺☹ 현관	hall [hɔ́ːl 홀]

침실과 욕실 (The bedroom and The bathroom)

☺☹ 거울	mirror [mírər 미러-]
☺☹ 담요	blanket [blǽŋkit 브랭킷]
☺☹ 라디오	radio [réidiòu 레이디오우]
☺☹ 머리빗	comb [koum 코움]
☺☹ 머리카락 건조기	hair dryer [hɛ́ər dráiər 헤어- 드라이어-]
☺☹ 목욕통	bathtub [bǽθtʌ̀b 베쓰터브]
☺☹ 베개	pillow [pílou 필로우]
☺☹ 블라인드	blind [bláind 브라인드]
☺☹ 비누	soap [sóup 소우프]

☺ ☹ **사워기** | **shower** [ʃáuər 사우어-]

☺ ☹ **세면대** | **sink** [síŋk 싱크]

☺☹ 수건	towel [táuəl 타월]
☺☹ 수도꼭지	faucet [fɔ́:sit 포-싯]
☺☹ 시트	sheet [ʃi:t 시트]
☺☹ 욕실	bathroom [bǽθrù:m 베쓰룸]
☺☹ 장롱	chest [tʃést 체스트]
☺☹ 저울	scale [skéil 스케일]
☺☹ 전화	phone [fóun 포운]
☺☹ 치약	toothpaste [tú:θpeist 투-쓰페이스트]
☺☹ 침대	bed [béd 베드]
☺☹ 침실	bedroom [bédrù:m 베드룸]
☺☹ 칫솔	toothbrush [tú:θbrʌʃ 투-쓰브러쉬]
☺☹ 화장실 변기	toilet [tɔ́ilit 토일릿]
☺☹ 화장지	toilet paper [tɔ́ilit péipər 토일릿 페이퍼-]

침대 이름이 이렇게 많아요

우리는 따뜻한 방바닥에 이불을 깔고 자기도 하지만, 서양 사람들은 거의 침대에서 잠을 자요. 그래서 침대의 종류도 여러 가지랍니다. 일반적인 침대의 종류와 침대에 꼭 함께 있어야 하는 물건들의 이름을 알아 볼까요?

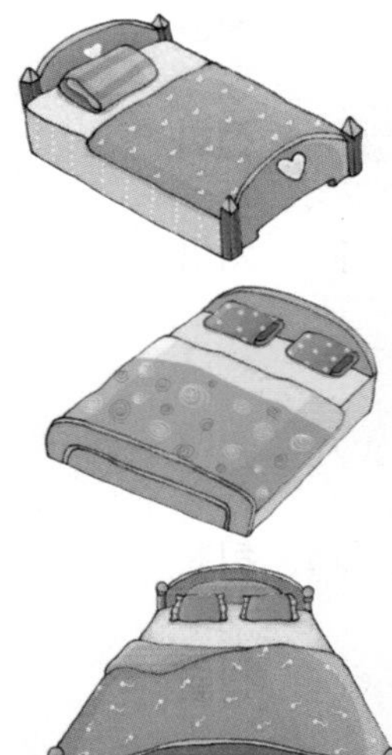

★ 트윈베드 : (twin bed)
한 사람용의 침대

★ 더블베드 : (double bed)
두 사람이 잘 수 있는 크기의 침대

★ 킹사이즈베드 : (king-size bed)
더블베드보다 큰 것으로 덩치가 크거나
넓은 공간을 원하는 사람들이 사용하는 침대

★ 번크베드 : (bunk bed)
더블베드보다 큰 것으로 덩치가 크거나
넓은 공간을 원하는 사람들이 사용하는 침대

★ 담요 : 브랭킷(blanket)

★ 침대 덮개 : 베드스프레드(bedspread)

★ 전기담요 : 일렉트릭 브랭킷(electric blanket)

★ 두꺼운 이불 : 컴퍼터(comforter)

★ 시트 : 시트(sheet)

★ 베개 : 필로우(pillow)

거실과 식당 그리고 주방 (The living room, The dining room, and The kitchen)

☺☹ 거실 마루(바닥)	floor [flɔ́ːr 플로어-]
☺☹ 거실	living room [líviŋ rúːm 리빙 룸]
☺☹ 거품기	whisk [hwísk 위스크]
☺☹ 국자	ladle [léidl 레이들]
☺☹ 그릇	bowl [bóul 보울]
☺☹ 그림	picture [píktʃər 픽쳐-]
☺☹ 난로	stove [stóuv 스토우브]
☺☹ 냄비	pot [pát 팟]
☺☹ 냉장고	refrigerator [rifrídʒərèitər 리프리저-레이터-]

☺☹ 도마	cutting board [kʌ́tiŋ bɔ́ːrd 커팅 보-드]
☺☹ 도자기 그릇	china [tʃáinə 차이너]
☺☹ 레인지	range [reindʒ 레인지]
☺☹ 벽	wall [wɔ́ːl 월]
☺☹ 부엌	kitchen [kítʃən 키천]
☺☹ 비디오	video cassette recorder [vídiòu kəsét rikɔ́ːrdər 비디오우 커셋 리코-더-]
☺☹ 사진	photograph [fóutəgræ̀f 포토그래프]
☺☹ 식당	dining room [dáiniŋ rúːm 다이닝 룸]
☺☹ 식물	plant [plǽnt 플랜트]
☺☹ 식탁 의자	dining room chair [dáiniŋ rúːm tʃɛ́ər 다이닝 룸 췌어-]
☺☹ 식탁	dining room table [dáiniŋ rúːm téibl 다이닝 룸 테니블]
☺☹ 식탁보	tablecloth [téiblklɔ̀ːθ 테이블클로-쓰]

☺☹ 싱크대	sink [síŋk 싱크]
☺☹ 쓰레기통	garbage pail [gáːrbidʒ péil 가-비지 페일]
☺☹ 액자	frame [fréim 프레임]
☺☹ 양초	candle [kǽndl 캔들]

☺☹ 오븐 | oven [ʌ́vən 어-븐]

☺☹ 의자 | sofa [sóufə 소우퍼]

☺☹ 전자레인지 | microwave [máikrouwèiv 마이크로우웨이브]

☺☹ 접시를 닦는 타올 | dish towel [díʃ táuəl 디쉬 타월]

☺☹ 찬장 | cabinet [kǽbənit 캐버닛]

☺☹ 창문 | window [wíndou 윈도우]

☺☹ 책장 | bookcase [búkkeis 북케이스]

☺☹ 천장 | ceiling [síːliŋ 실링]

☺☹ 카펫 | carpet [kɑ́ːrpit 카-핏]

☺☹ 커튼 | curtain [kə́ːrtn 커-튼]

☺☹ 쿠션 | pillow [pílou 필로우]

☺☹ 텔레비전 | television [téləvìʒən 텔러비전]

☺☹ 토스터 | toaster [tóustər 토우스터-]

☺☹ 후라이팬 | frying pan [fráiiŋ pǽn 프라잉 팬]

엄마! 식탁 위에 칼이 있어요

➔ 서양 사람들은 아침이나 점심은 간단하게 먹고,저녁을 잘 차려 먹는 습관이 있어요. 저녁에 온 가족이 모여서 여러 음식을 놓고 오손도손 이야기꽃을 피우며 하루를 마감하지요. 식탁 위의 그릇들도 영어로 익혀 볼까요?

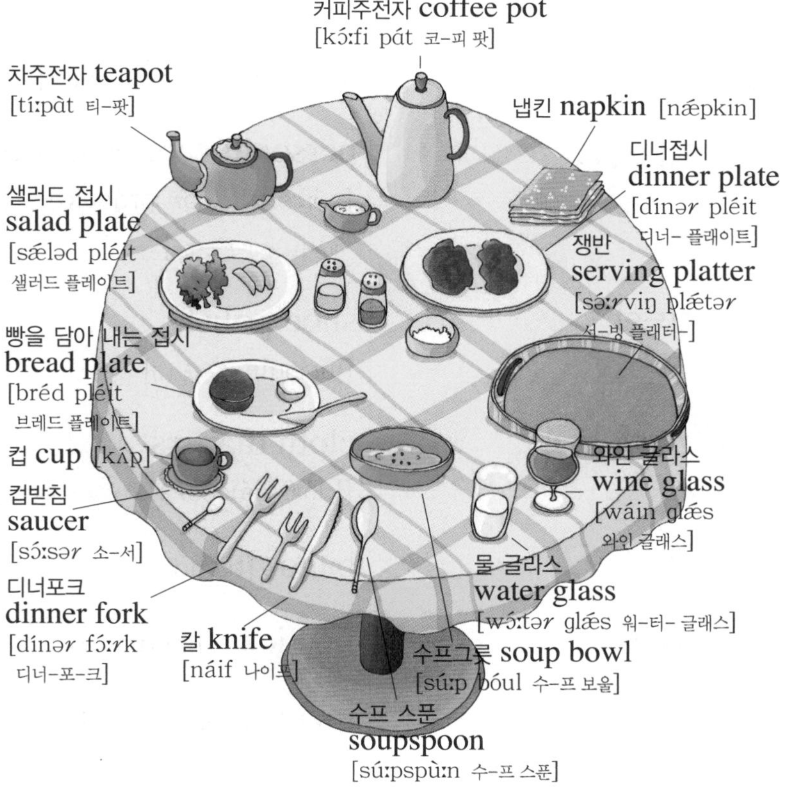

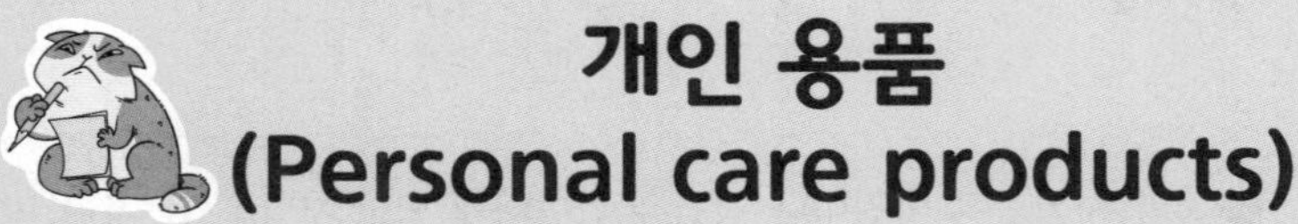

개인 용품 (Personal care products)

☺☹ 가위	scissors [sízərz 씨저-즈]
☺☹ 개인 용품	personal care products [pə́ːrsənl kέər prάdəktʃ 퍼-서늘 케어-프라덕츠]
☺☹ 구두약	shoe polish [ʃúː pάliʃ 슈- 팔리쉬]
☺☹ 기저귀	cloth diapers [klɔ́ːθ dáiəpərs 클로쓰 다이어퍼-스]
☺☹ 끈	band [bǽnd 밴드]
☺☹ 립스틱	lipstick [lípstìk 립스틱]
☺☹ 면도기	razor [réizər 레이저-]

☺☹ 빗	comb [kóum 콤]
☺☹ 샴푸	shampoo [ʃæmpúː 샘푸-]
☺☹ 손톱깎기	nail clipper [nèil klípər 네일 클립퍼-]
☺☹ 어린이용 변기	potty [páti 파티]
☺☹ 어린이용 의자	high chair [hái tʃɛ́ər 하이 체어-]
☺☹ 열쇠	key [kíː 키-]
☺☹ 유모차	baby carriage [béibi kǽridʒ 베이비 캐리지]
☺☹ 장난감 상자	toy chest [tɔ́i tʃést 토이 체스트]
☺☹ 칫솔	toothbrush [túːθbrʌʃ 투-쓰브러쉬]
☺☹ 카 시트	car seat [káːr síːt 카- 시-트]
☺☹ 카메라	camera [kǽmərə 캐머러]
☺☹ 필름	film [fílm 필름]
☺☹ 헤어스프레이	hairspray [hɛərspréi 헤어-스프레이]
☺☹ 화장품	makeup [méikʌ̀p 메이컵]

장난감 병정이 행진을 해요

➔ 아기나 어린이가 가지고 노는 장난감에는 어떤 것들이 있을까요? 영어로 말해 볼까요?

★ 곰인형
teddy bear
[tédi bέər]
테디 베어

★ 딸랑이
rattle
[rǽtl]
래틀

★ 인형
doll
[dál]
달

★ 장난감 기차
toy train
[tɔ́i tréin]
토이 트레인

★ 장난감 병정
toy soldier
[tɔ́i sóuldʒər]
토이 소울저-

★ 장난감 로봇
toy robot
[tɔ́i róubət]
토이 로우벗

★ 장난감 로켓
toy rocket
[tɔ́i rákit]
토이 라킷

★ 장난감 말
toy horse
[tɔ́i hɔ́:rs]
토이 호-스

★ 풍선 / 기구
balloon
[bəlú:n]
벌룬

가게와 장소 (Stores and Places)

☺ ☹ 가게	shop [ʃáp 샵]
☺ ☹ 가게	store [stɔ́ːr 스토어-]
☺ ☹ 가로등	street light [stríːt láit 스트릿 라잇트]
☺ ☹ 감옥	jail [dʒéil 제일]
☺ ☹ 거리	street [stríːt 스트릿]
☺ ☹ 경찰서	police station [pəlíːs stéiʃən 펄리-스 스테이션]
☺ ☹ 공원	park [páːrk 파-크]
☺ ☹ 공중전화	public telephone [pʌ́blik téləfòun 퍼블릭 텔러포운]

☺☹ 교차로 | intersection [ìntərsékʃən 인터-섹션]

☺☹ 교회 | church [tʃə́ːrtʃ 처-치]

☺☹ 구두 가게 | shoe store [ʃúː stɔ̀ːr 슈- 스토어-]

☺☹ 군대 | army [ɑ́ːrmi 아-미]

☺☹ 극장 | theater [θíːətər 씨-어터-]

☺☹ 기차역 | train station [tréin stéiʃən 트레인 스테이션]

☺☹ 길 | road [róud 로우드]

☺☹ 꽃가게 | flower shop [fláuər ʃɑ́p 플라워- 샵]

☺☹ 다리 | bridge [brídʒ 브리지]

☺☹ 도서관 | library [láibrəri 라이브러리]

☺☹ 동물원 | zoo [zúː 주-]

☺☹ 레스토랑(음식점) | restaurant [réstərənt 레스터런트]

☺☹ 미용실 | hair salon [hέər sǽlɔn 헤어- 새론]

☺ ☹ 박물관	museum [mjuːzíːəm 뮤-지-엄]
☺ ☹ 백악관	The White House [ðə *h*wáit háus 더 화이트 하우스]
☺ ☹ 백화점	department store [dipáː*r*tmənt stɔ̀ː*r* 디파-트먼트 스토어-]
☺ ☹ 버스 정류장	bus stop [bʌ́s stáp 버스 스탑]
☺ ☹ 법원	courthouse [kɔ́ː*r*thàus 코-트하우스]
☺ ☹ 병원	hospital [háspitl 하스피틀]
☺ ☹ 비디오 가게	video store [vídiòu stɔ̀ː*r* 비디오우 스토어-]
☺ ☹ 빵집	bakery [béik*ə*ri 베이커리]
☺ ☹ 서점	bookstore [búkstɔ̀ː*r* 북스토어-]
☺ ☹ 성당 / 사원	temple [témpl 템플]
☺ ☹ 세탁소	cleaner's [klíːnə*r*z 크리-너-즈]

☺☹ 소방서 | fire station [fáiər stéiʃən 파이어- 스테이션]

☺☹ 쇼핑 센터 | shopping mall [ʃápiŋ mɔ́:l 샤핑 몰]

☺☹ 시장 | market [má:rkit 마-킷]

☺☹ 식품점 | grocery store [gróusəri stɔ̀:r 그로우서리 스토어-]

☺☹ 신호등 | traffic light [trǽfik láit 트래픽 라이트]

☺☹ 아이스크림 가게 | ice cream shop [áis krì:m ʃáp 아이스 크림 샵]

☺☹ 아파트 | apartment [əpá:rtmənt 어파-트먼트]

☺☹ 안경 가게 | optician's [ɑptíʃənz 압티션즈]

☺☹ 애완동물 가게 | pet shop [pét ʃáp 펫 샵]

☺☹ 약국 | drugstore [drʌ́gstɔ̀:r 드러그스토어-]

☺☹ 에스컬레이터 | escalator [éskəlèitər 에스컬레이터-]

☺☹ 역	station [stéiʃən 스테이션]
☺☹ 영화관	movie theater [mú:vi θí:ətər 뮤-비 씨-어터-]
☺☹ 우체국	post office [póust ɔ́:fis 포스트 오-피스]
☺☹ 은행	bank [bǽŋk 뱅크]
☺☹ 음악사	music store [mjú:zik stɔ́:r 뮤-직 스토어-]
☺☹ 이발소	barber shop [bá:rbərʃàp 바-버- 샵]
☺☹ 인도	side-walk [sáid wɔ́:k 사이드웍]
☺☹ 장난감 가게	toy store [tɔ́i stɔ́:r 토이 스토어-]
☺☹ 장소	place [pléis 플레이스]
☺☹ 주유소	gas station [gǽs stéiʃən 개스 스테이션]
☺☹ 지하철역	subway station [sʌ́bwèi stéiʃən 서브웨이 스테이션]
☺☹ 집	house [háus 하우스]

☺☹ 청와대 | The Blue House [ðə blúː háus 더 블루- 하우스]

☺☹ 커피 판매점 | coffee shop [kɔ́ːfi ʃɑ́p 코-피 샵]

☺☹ 택시 정류장 | taxi stand [tǽksi stǽnd 택시 스탠드]

☺☹ 피자 가게 | pizza restaurant [píːtsə réstərənt 핏서 레스터런트]

☺☹ 학교 | school [skúːl 스쿨]

☺☹ 헬스 클럽(운동하는 곳) | health club [hélθ klʌ́b 헬쓰 클럽]

☺☹ 호텔 | hotel [houtél 호우텔]

☺☹ 회사 | company [kʌ́mpəni 컴퍼니]

☺☹ 횡단보도 | crosswalk [krɔ́ːswɔ̀ːk 크로-스웍]

은행과 돈 (The bank and Money)

☺☹	경비원	security guard [sikjúərəti gáːrd 시큐러티 가-드]
☺☹	금고	safe [séif 세이프]
☺☹	도장	stamp [stǽmp 스탬프]
☺☹	돈	money [mʌ́ni 머니]
☺☹	동전	coin [kɔ́in 코인]
☺☹	비밀번호	password [pǽswəːrd 패스워-드]
☺☹	사인	sign [sáin 사인]
☺☹	수표	check [tʃék 첵]

☺☹ 신용카드 | credit card [krédit kɑ́ːrd 크레딧 카-드]

☺☹ 예금 용지 | deposit slip [dipɑ́zit slíp 디파짓 슬립]

☺☹ 은행 통장 | bank book [bǽŋk búk 뱅크북]

☺☹ 은행 | bank [bǽŋk 뱅크]

☺☹ 은행원 | teller [télər 텔러-]

☺☹ 자동현금인출기 | ATM [eitiem 에이티엠]

☺☹ 지폐 | bill [bíl 빌]

☺☹ 총액 | amount [əmáunt 어마운트]

☺☹ 출금 용지 | withdrawal slip [wiðdrɔ́ːəl slíp 윗드로얼 슬립]

☺☹ 통화 | currency [kə́ːrənsi 커-런시]

☺☹ 현금 | cash [kǽʃ 캐쉬]

☺☹ 현금인출기 | cash machine [kǽʃ məʃíːn 캐쉬 머신]

우체국과 편지 (The post office and Letters)

☺☹ 등기우편	registered mail [rédʒistərd mèil 레지스터-드 메일]
☺☹ 봉투	envelope [énvəlòup 엔벌로우프]
☺☹ 빠른 우편	express mail [iksprés mèil 익스프레스 메일]
☺☹ 선박 우편	surface mail [sə́:rfis mèil 써-피스 메일]
☺☹ 소포 우편	parcel post [pá:rsəl póust 파-설 포스트]
☺☹ 소포	package [pǽkidʒ 팩키지]
☺☹ 엽서	postcard [póustkà:rd 포스트카-드]

☺☹ 우체국	post office [póust ɔ́ːfis 포스트 오-피스]
☺☹ 우체국 직원	postal worker [póustl wə́ːrkər 포우스틀 워-커-]
☺☹ 우체통	mailbox [méilbɑ̀ks 메일박스]
☺☹ 우편 배달차	mail truck [méil trʌ́k 메일 트럭]
☺☹ 우편 집배원	mailman [méilmæ̀n 메일맨]
☺☹ 우편번호	zip code [zíp kòud 집 코우드]
☺☹ 우편환	money order [mʌ́ni ɔ́ːrdər 머니 오-더-]
☺☹ 우표	stamp [stǽmp 스탬프]
☺☹ 이름	name [néim 네임]
☺☹ 주소	address [ədrés 어드레스]
☺☹ 지역	zone [zóun 존]
☺☹ 편지	letter [létər 레터-]
☺☹ 풀	glue [glúː 글루-]
☺☹ 항공 우편	air mail [ɛ́ər mèil 에어- 메일]

편지를 써요

➔ 편지 봉투를 쓰는 데도 형식이 있어요. 편지 봉투에 쓰는 각 부분의 영어 명칭이 무엇인지 한번 알아 볼까요?

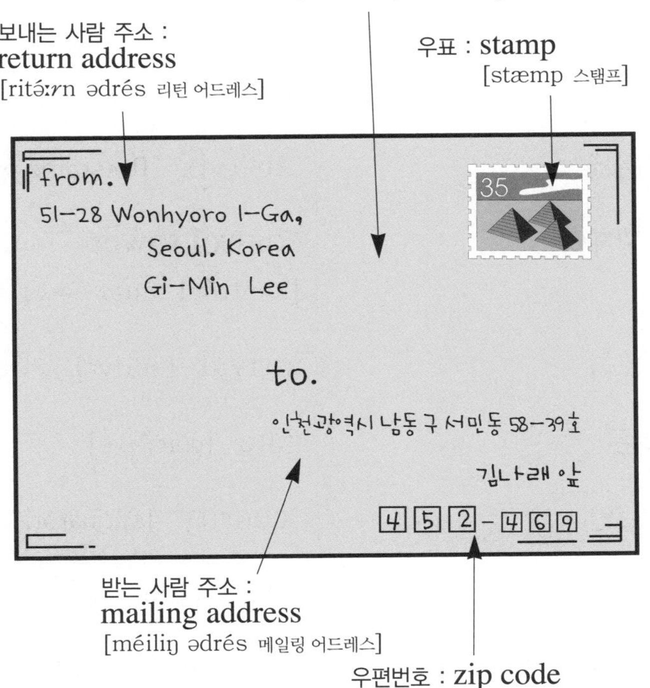

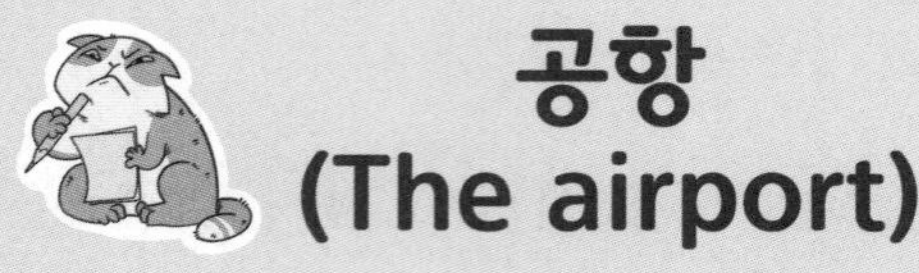

공항 (The airport)

☺☹ 공항	airport [ɛ́ərpɔ̀ːrt 에어-포-트]
☺☹ 관세	customs [kʌ́stəmz 커스텀즈]
☺☹ 관제탑	control tower [kəntróul táuər 컨트로울 타워-]
☺☹ 도착	arrival [əráivəl 어라이벌]
☺☹ 문	gate [géit 게이트]
☺☹ 보안	security [sikjúərəti 시큐-러티]
☺☹ 비자	visa [víːzə 비-저]
☺☹ 세관 신고서	declaration form [dèkləréiʃən fɔ́ːrm 데클러레이션 폼]

☺☹ 승객	passenger [pǽsəndʒər 패선저-]
☺☹ 여권	passport [pǽspɔ̀ːrt 패스포-트]
☺☹ 여행가방	suitcase [súːtkèis 숫케이스]
☺☹ 요금	fare [fɛ́ər 페어-]
☺☹ 일정표	schedule [skédʒuːl 스케쥴]
☺☹ 입국심사	immigration [ìməgréiʃən 이머그레이션]
☺☹ 조종사	pilot [páilət 파일럿]
☺☹ 짐 찾는 곳	baggage claim [bǽgidʒ kléim 배기지 클레임]
☺☹ 짐	baggage [bǽgidʒ 배기지]
☺☹ 출발	departure [dipɑ́ːrtʃər 디파-처-]
☺☹ 탑승권	boarding pass [bɔ́ːrdiŋ pǽs 보-딩 패스]
☺☹ 표	ticket [tíkit 티킷]
☺☹ 환승(갈아타기)	transfer [trænsfə́ːr 트랜스퍼-]

띠띠빵빵 교통수단 (Transportation)

☺☹ 경찰차	police car [pəlíːs kɑːr 퍼리-스 카-]
☺☹ 구급차	ambulance [ǽmbjuləns 앰뷸런스]
☺☹ 기차	train [trein 트레인]
☺☹ 노선	route [ruːt 루-트]
☺☹ 배	boat [bout 보우트]
☺☹ 버스 정류장	bus stop [bʌ́s stɑ́p 버스 스탑]
☺☹ 버스	bus [bʌ́s 버스]
☺☹ 비행기	airplane [ɛ́ərplèin 에어-프레인]
☺☹ 선박	ship [ʃip 쉽]

☺☹ 소방차	fire engine [fáiər èndʒin 파이어- 엔진]
☺☹ 신호등	traffic light [trǽfik lait 트래픽 라이트]
☺☹ 오토바이	motorcycle [móutərsàikl 모우터- 사이클]
☺☹ 요금	fare [fɛər 페어-]
☺☹ 유람선	ferry [féri 페리-]
☺☹ 인도	side-walk [sáid wɔ́:k 사이드 워]
☺☹ 자동차	car [kɑ:r 카-]
☺☹ 자전거	bicycle [báisikl 바이시클]
☺☹ 잠수함	submarine [sʌ̀bmərí:n 서브머린]
☺☹ 지하철	subway [sʌ́bwèi 서브웨이]
☺☹ 택시	taxi [tǽksi 택시]
☺☹ 트럭	truck [trʌk 트럭]
☺☹ 헬리콥터	helicopter [hélikɑ̀ptər 헬리캅터-]
☺☹ 횡단보도	crosswalk [krɔ́:swɔ̀:k 크로-스웍]

비행기 (airplane
택시 (taxi)
배 (boat)
잠수함 (submarine)

헬리콥터 (helicopter)
버스 (bus)
트럭
(truck)
지하철 (subway)

다양한 직업들 (Various jobs)

☺☹ 가수	singer [síŋər 싱어-]
☺☹ 가정부	housekeeper [háuskìːpər 하우스킵퍼-]
☺☹ 간호사	nurse [nə́ːrs 너-스]
☺☹ 건축가	architect [ɑ́ːrkətèkt 아-키텍트]
☺☹ 경비원	security guard [sikjúərəti gɑ́ːrd 시큐러티 가-드]
☺☹ 경찰관	police officer [pəlíːs ɔ́ːfisər 펄리-스 오-피서-]
☺☹ 공무원	public officer [pʌ́blik ɔ́ːfisər 퍼블릭 오-피서-]

☺☹ 공무원	civil servant [sívəl sə́:rvənt 시벌 서-번트]
☺☹ 과학자	scientist [sáiəntist 사이언티스트]
☺☹ 교수	professor [prəfésər 프러페서-]
☺☹ 군인	soldier [sóuldʒər 소울저-]
☺☹ 기사 / 기술자	engineer [éndʒəníər 엔즈니어-]
☺☹ 기자	reporter [ripɔ́:rtər 리포-터-]
☺☹ 남자 배우	actor [ǽktər 액터-]
☺☹ 남자 직원	waiter [wéitər 웨이터-]
☺☹ 농부	farmer [fɑ́:rmər 파-머-]
☺☹ 대통령	president [prézədənt 프레즈던트]
☺☹ 도둑	thief [θí:f 씨-프]
☺☹ 모델	model [mɔ́dl 모들]
☺☹ 목수	carpenter [kɑ́:rpəntər 카-펀터-]
☺☹ 무용가	dancer [dǽnsər 댄서-]

☺☹ 미용사 | hairdresser [hέərdrèsər 헤어-드레서-]
☺☹ 배달부 | messenger [mésəndʒər 메신저-]
☺☹ 버스 기사 | bus driver [bʌ́s dráivər 버스 드라이버-]
☺☹ 변호사 | lawyer [lɔ́ːjər 로이어-]
☺☹ 비서 | secretary [sékrətèri 세크러테리]
☺☹ 비행기 조종사 | pilot [páilət 파일럿]
☺☹ 사업가 | businessman [bíznismæ̀n 비즈니스맨]
☺☹ 상인 | shopkeeper [ʃápkìːpər 샵키-퍼-]
☺☹ 선생 | teacher [tíːtʃər 티-처-]
☺☹ 소방수 | firefighter [fáiərfàitər 파이어-파잇터-]
☺☹ 수위 | janitor [dʒǽnətər 재너터-]
☺☹ 수의사 | veterinarian [vètərənǽəriən 베터러내어리언]

☺☹ 스튜어드(남자승무원)	steward [stjúːərd 스튜어-드]
☺☹ 스튜어디스	stewardess [stjúːərdis 스튜어-디스]
☺☹ 약사	pharmacist [fáːrməsist 파-머시스트]
☺☹ 어부	fisherman [fíʃərmən 피셔-먼]
☺☹ 여자 배우	actress [ǽktris 액트리스]
☺☹ 여자 직원	waitress [wéitris 웨이트리스]
☺☹ 요리사	cook [kúk 쿡]
☺☹ 음악가	musician [mjuːzíʃən 뮤-지션]
☺☹ 의사	doctor [dáktər 닥터-]
☺☹ 이발사	barber [báːrbər 바-버-]
☺☹ 작가	writer [ráitər 라이터-]
☺☹ 저자	author [ɔ́ːθər 오-써-]
☺☹ 정원사	gardener [gáːrdnər 가-드너-]
☺☹ 제과 기술자	baker [béikər 베이커-]
☺☹ 주부	homemaker [hóummèikər 홈메이커-]

☺☹ 치과의사	dentist [déntist 덴티스트]
☺☹ 컴퓨터 프로그래머	computer programmer [kəmpjúːtər próugrəmər 컴퓨터- 프로우그러머-]
☺☹ 택시 기사	taxi driver [tǽksi dráivər 택시 드라이버-]
☺☹ 탤런트	talent [tǽlənt 탤런트]
☺☹ 트럭 기사	truck driver [trʌ́k dráivər 트럭 드라이버-]
☺☹ 판매원	salesperson [séilzpəːrsn 세일즈퍼-슨]
☺☹ 판사	judge [dʒʌ́dʒ 저지]
☺☹ 화가	artist [áːrtist 아-티스트]
☺☹ 환경 미화원	sanitation worker [sæ̀nətéiʃən wə́ːrkər 새너테이션 워-커-]
☺☹ 회계사	accountant [əkáuntənt 어카운턴트]

감정과 행동 (Feeling and Motion)

☺☹ 감사	thank [θǽŋk 쌩크]
☺☹ 강세 / 강조	accent [ǽksent 액센트]
☺☹ 거짓말	lie [lái 라이]
☺☹ 경쟁 / 경연	contest [kάntest 칸테스트]
☺☹ 계획	plan [plǽn 플랜]
☺☹ 공부	study [stʌ́di 스터디]
☺☹ 공포	horror [hɔ́ːrər 호-러-]
☺☹ 근심 / 걱정	care [kέər 케어-]
☺☹ 기록	note [nóut 노우트]
☺☹ 기분	mood [múːd 무-드]

☺☹ 기쁨	joy [dʒɔ́i 조이]
☺☹ 기초	base [béis 베이스]
☺☹ 기회	chance [tʃǽns 챈스]
☺☹ 꿈	dream [dríːm 드림]
☺☹ 끝	end [énd 엔드]
☺☹ 노여움	anger [ǽŋgər 앵거-]
☺☹ 놀라움	wonder [wʌ́ndər 원더-]
☺☹ 놀람 / 공포	alarm [əláːrm 얼람]
☺☹ 놀이 / 경기	game [géim 게임]
☺☹ 느낌 / 감정	feeling [fíːliŋ 필링]
☺☹ 다툼	quarrel [kwɔ́ːrəl 쿼-럴]
☺☹ 동정 / 연민	pity [píti 피티]
☺☹ 로맨스	romance [roumǽns 로우맨스]
☺☹ 매력	charm [tʃáːrm 차-암]
☺☹ 모험	adventure [ədvéntʃər 어드벤처-]
☺☹ 목욕	bath [bǽθ 배쓰]

☺☹	목적	aim [éim 에임]
☺☹	무거운 짐 / 부담	burden [bə́:rdn 버-든]
☺☹	복사	copy [kɑ́pi 카피]
☺☹	복종	obedience [oubí:diəns 오우비-디언스]
☺☹	비극	tragedy [trǽdʒədi 트래즈디]
☺☹	사랑	love [lʌ́v 러브]
☺☹	사업	business [bíznis 비즈니스]
☺☹	사용	use [jú:z 유-즈]
☺☹	생각	idea [aidí:ə 아이디-어]
☺☹	생애 / 경력	career [kəríər 커리어-]
☺☹	서두름	hurry [hə́:ri 허-리]
☺☹	선택	pick [pík 픽]
☺☹	선택	choice [tʃɔ́is 초이스]
☺☹	스포츠	sport [spɔ́:rt 스포-트]
☺☹	습관 / 실행	practice [prǽktis 프랙티스]
☺☹	시도	try [trái 트라이]

☺☹ 시작	start [stáːrt 스타-트]
☺☹ 시험 / 검사	test [tést 테스트]
☺☹ 실패	failure [féiljər 페일류어-]
☺☹ 싸움	fight [fáit 파잇]
☺☹ 야영	camp [kǽmp 캠프]
☺☹ 약속	appointment [əpɔ́intmənt 어포인트먼트]
☺☹ 용서	pardon [páːrdn 파-든]
☺☹ 위안 / 즐거움	amusement [əmjúːzmənt 어뮤-즈먼트]
☺☹ 위험	danger [déindʒər 데인저-]
☺☹ 의무 / 임무	duty [djúːti 듀-티]
☺☹ 이야기	story [stɔ́ːri 스토-리]
☺☹ 이익	benefit [bénəfìt 베너핏]
☺☹ 인생 / 생명	life [láif 라이프]
☺☹ 일 / 직업	job [dʒáb 잡]
☺☹ 일 / 직업	work [wə́ːrk 워-]

☺ ☹ 잡담	chat [tʃǽt 챗]
☺ ☹ 장난	fun [fʌ́n 펀]
☺ ☹ 전쟁	battle [bǽtl 배틀]
☺ ☹ 접촉	touch [tʌ́tʃ 터치]
☺ ☹ 제비 뽑기	lot [lɑ́t 랏]
☺ ☹ 주의 / 주목	attention [əténʃən 어텐션]
☺ ☹ 증명	proof [prú:f 프루-프]
☺ ☹ 지배	control [kəntróul 컨트로울]
☺ ☹ 추리	mystery [místəri 미스터리]
☺ ☹ 충고	advice [ædváis 애드바이스]
☺ ☹ 치료	cure [kjúər 큐어-]
☺ ☹ 키스	kiss [kís 키스]
☺ ☹ 토론	debate [dibéit 디베이트]
☺ ☹ 평화	peace [pí:s 피-스]
☺ ☹ 필요	need [ní:d 니-드]
☺ ☹ 합격	pass [pǽs 패스]

☺☹ 행운	luck [lʌ́k 럭]
☺☹ 행위	act [ǽkt 액트]
☺☹ 행위 / 행동	motion [móuʃən 모우션]
☺☹ 행진	march [mɑ́ːrtʃ 마-치]
☺☹ 화해	reconciliation [rèkənsìliéiʃən 레컨시리에이션]
☺☹ 활동	activity [æktívəti 액티버티]
☺☹ 회전	roll [róul 로울]
☺☹ 휴식	rest [rést 레스트]
☺☹ 희망	hope [hóup 호우프]

자연환경 (Nature)

☺☹ 가뭄	drought [dráut 드라우트]
☺☹ 강	river [rívər 리버-]
☺☹ 거품	bubble [bʌ́bl 버블]
☺☹ 계곡	valley [vǽli 배리]
☺☹ 공간	space [spéis 스페이스]
☺☹ 공기 오염	air pollution [ɛər pəlú:ʃən 에어- 퍼루-션]
☺☹ 공기	air [ɛ́ər 에어-]
☺☹ 구름	cloud [kláud 클라우드]
☺☹ 구멍	hole [hóul 호울]

☺☹ 구석 / 모퉁이	corner [kɔ́ːrnər 코-너-]
☺☹ 기름	oil [ɔ́il 오일]
☺☹ 길 / 방향	way [wéi 웨이]
☺☹ 꼭대기	top [tάp 탑]
☺☹ 나라	country [kʌ́ntri 컨트리]
☺☹ 나무	tree [tríː 트리-]
☺☹ 나무 / 목재 / 숲	wood [wúd 우드]
☺☹ 남쪽	south [sáuθ 싸우쓰]
☺☹ 눈	snow [snóu 스노우]
☺☹ 눈보라	snowstorm [snóustɔ̀ːrm 스노우스텀]
☺☹ 달	moon [múːn 문]
☺☹ 더위	heat [híːt 히-트]
☺☹ 돌	stone [stóun 스토운]
☺☹ 동쪽	east [íːst 이-스트]
☺☹ 들판	field [fíːld 필드]
☺☹ 땅	ground [gráund 그라운드]

☺ ☹	맛	taste [téist 테이스트]
☺ ☹	면적 / 지역	area [ɛ́əriə 에어리어]
☺ ☹	모래	sand [sǽnd 샌드]
☺ ☹	물	water [wɔ́:tər 워-터-]
☺ ☹	물건 / 물체	object [ɔ́bdʒikt 오브직트]
☺ ☹	물방울	drop [dráp 드랍]
☺ ☹	물질 / 재료	matter [mǽtər 매터-]
☺ ☹	밀림	jungle [dʒʌ́ŋgl 정글]
☺ ☹	바다	sea [sí: 씨-]
☺ ☹	바다	ocean [óuʃən 오우션]
☺ ☹	바람	wind [wínd 윈드]
☺ ☹	바위	rock [rák 락]
☺ ☹	반도	peninsula [pinínʃələ 피닌숴러]
☺ ☹	번개	lightning [láitniŋ 라이트닝]
☺ ☹	별	star [stá:r 스타-]
☺ ☹	북쪽	north [nɔ́:rθ 노-쓰]

☺☹ 비	rain [réin 레인]
☺☹ 빛	light [láit 라이트]
☺☹ 사막	desert [dézərt 데저-트]
☺☹ 산	mountain [máuntən 마운턴]
☺☹ 산성비	acid rain [ǽsid rein 애시드 레인]
☺☹ 서리	frost [frɔ́ːst 프로-스트]
☺☹ 서쪽	west [wést 웨스트]
☺☹ 석탄	coal [kóul 코울]
☺☹ 섬	island [áilənd 아일런드]
☺☹ 세계	world [wə́ːrld 월드]
☺☹ 소나기	shower [ʃáuər 샤우어-]
☺☹ 소도시	town [táun 타운]
☺☹ 소리	sound [sáund 사운드]
☺☹ 소음	noise [nɔ́iz 노이즈]
☺☹ 속도	speed [spíːd 스피-드]
☺☹ 수도	capital [kǽpətl 캐피틀]

☺☹ 수질 오염	water pollution [wɔ́:tər pəlú:ʃən 워-터- 퍼루-션]
☺☹ 숲	forest [fɔ́:rist 포-리스트]
☺☹ 스모그	smog [smɔ́g 스모그]
☺☹ 시각 / 조망	sight [sáit 사이트]
☺☹ 식물	plant [plǽnt 플랜트]
☺☹ 앞쪽	front [frʌ́nt 프런트]
☺☹ 언덕	hill [híl 힐]
☺☹ 얼음	ice [áis 아이스]
☺☹ 연기 / 흡연	smoke [smóuk 스모우크]
☺☹ 연못	pond [pánd 판드]
☺☹ 오염	pollution [pəlú:ʃən 퍼루-션]
☺☹ 온도	temperature [témpərətʃər 템퍼러쳐]
☺☹ 우박	hail [héil 헤일]
☺☹ 우주	universe [jú:nəvə:rs 유-니버-스]
☺☹ 웅덩이	pool [pú:l 푸-울]

☺☹ 유성	shooting star [ʃúːtiŋ stáːr 슈–팅 스타–]
☺☹ 육지	land [lǽnd 랜드]
☺☹ 은하계	galaxy [gǽləksi 갤럭시]
☺☹ 자연	nature [néitʃər 네이처–]
☺☹ 재활용	recycle [rìːsáikl 리–사이클]
☺☹ 전망	view [vjúː 뷰–]
☺☹ 중간	middle [mídl 미들]
☺☹ 중심	center [séntər 센터–]
☺☹ 증기 / 김	steam [stíːm 스팀]
☺☹ 지구 / 땅	earth [ə́ːrθ 어–쓰]
☺☹ 지진	earthquake [ə́ːrθkw èik 어–쓰퀘이크]
☺☹ 천둥	thunder [θʌ́ndər 썬더–]
☺☹ 천연 가스	natural gas [nǽtʃərəl gǽs 내처럴 개스]
☺☹ 초원	meadow [médou 메도우]

☺☹ 태양 에너지	solar energy [sóulər énərdʒi 소울러- 에너-지]
☺☹ 태양	sun [sʌ́n 선]
☺☹ 태풍	typhoon [taifúːn 타이푼]
☺☹ 폭포	waterfall [wɔ́ːtərfɔ̀ːl 워-터-폴]
☺☹ 풀	grass [grǽs 그래스]
☺☹ 하늘	sky [skái 스카이]
☺☹ 해변	beach [bíːtʃ 비-치]
☺☹ 해안	shore [ʃɔ́ːr 숴-어]
☺☹ 허리케인	hurricane [hə́ːrəkèin 허-러케인]
☺☹ 혜성	comet [kémit 케미트]
☺☹ 호수	lake [léik 레이크]
☺☹ 홍수	flood [flʌ́d 플러드]
☺☹ 화재	fire [fáiər 파이어-]
☺☹ 환경	environment [inváiərənmənt 인바이런먼트]

동물의 왕국 (Animals)

☺ ☹	갈매기	gull [gʌ́l 걸]
☺ ☹	강아지	puppy [pʌ́pi 퍼피]
☺ ☹	개	dog [dɔ́ːg 독]
☺ ☹	개구리	frog [frɔ́ːg 프로-그]
☺ ☹	거북	tortoise [tɔ́ːrtəs 토-터스]
☺ ☹	고릴라	gorilla [gərílə 거릴러]
☺ ☹	고양이	cat [kǽt 캣]
☺ ☹	곰	bear [bέər 베어-]
☺ ☹	공작새(수컷)	peacock [píːkɔ̀k 피-콕]
☺ ☹	공작새(암컷)	peahen [píːhèn 피-헨]

☺☹ 기러기 | wild goose [wáild gúːs 와일드 구-스]

☺☹ 기린 | giraffe [dʒəræ̃f 저래프]

☺☹ 까마귀 | crow [króu 크로우]

☺☹ 까치 | magpie [mǽgpài 매그파이]

☺☹ 꿩 | pheasant [féznt 페즌트]

☺☹ 낙타 | camel [kǽməl 캐멀]

☺☹ 너구리 | raccoon [rækúːn 래쿤]

☺☹ 늑대 | wolf [wúlf 울프]

☺☹ 다람쥐 | squirrel [skwə́ːrəl 스쿼-럴]

☺☹ 당나귀 | donkey [dáŋki 당키]

☺☹ 돼지 | pig [píg 피그]

☺☹ 도마뱀 | lizard [lízərd 리저-드]

☺☹ 독수리 | eagle [íːgl 이-글]

☺☹ 동물 | animal [ǽnəməl 애너멀]

☺☹ 들토끼 | hare [hέər 헤어-]

사자
(lion)
늑대 (wolf)
원숭이 (monkey)
양 (sheep)
악어 (crocodile)
캥거루 (kangaroo)

호랑이
(tiger)
돼지
(pig)
기린
(giraffe)
토끼 (rabbit)
코알라 (koala)
코끼리 (elephant)
다람쥐 (squirrel)

☺☹ 딱따구리	woodpecker [wúdpèkər 우드펙커-]
☺☹ 말	horse [hɔ́:rs 호-스]
☺☹ 매	hawk [hɔ́:k 호-크]
☺☹ 멧돼지	wild boar [wáild bɔ́:r 와일드 보어-]
☺☹ 박쥐	bat [bǽt 배트]
☺☹ 뱀	snake [snéik 스네이크]
☺☹ 부엉이	owl [aúl 아울]
☺☹ 비둘기	pigeon [pídʒən 피전]
☺☹ 비버	beaver [bí:vər 비-버-]
☺☹ 사료	feed [fí:d 피-드]
☺☹ 사슴	deer [díər 디어-]
☺☹ 사자	lion [láiən 라이언]
☺☹ 새	bird [bə́:rd 버-드]
☺☹ 새끼 고양이	kitten [kítn 키튼]
☺☹ 생쥐	mouse [máus 마우스]

수달	otter [átər 아터-]
스컹크	skunk [skʌ́ŋk 스컹크]
악어	alligator [ǽligèitər 앨리게이터-]
악어	crocodile [krákədàil 크라커다일]
암소	cow [káu 카우]
암탉	hen [hen 헨]
양	sheep [ʃí:p 쉽]
얼룩말	zebra [zí:brə 지-브러]
여우	fox [fáks 팍스]
염소	goat [góut 고우트]
원숭이	monkey [mʌ́ŋki 멍키]
인류 / 인간	mankind [mǽnkáind 맨카인드]
잉꼬	parakeet [pǽrəkì:t 패러키-트]
쥐	rat [rǽt 랫]
짐승	beast [bí:st 비-스트]

☺☹ 집토끼 | rabbit [rǽbit 래빗]
☺☹ 참새 | sparrow [spǽrou 스패로우]
☺☹ 침판지 | chimpanzee [tʃìmpænzíː 침팬지-]
☺☹ 캥거루 | kangaroo [kæ̀ŋgərúː 캥거루-]
☺☹ 코끼리 | elephant [éləfənt 엘러펀트]
☺☹ 코브라 | cobra [kóubrə 코우브러]
☺☹ 코뿔소 | rhinoceros [rainάsərəs 라이나서러스]
☺☹ 코알라 | koala [kouάːlə 코우알러]
☺☹ 팬더 곰 | panda [pǽndə 팬더]
☺☹ 펭귄 | penguin [péŋgwin 펭귄]
☺☹ 표범 | leopard [lépərd 레퍼-드]
☺☹ 하마 | hippopotamus [hìpəpάtəməs 히퍼파터머스]
☺☹ 하이에나 | hyena [haiíːnə 하이-너]
☺☹ 호랑이 | tiger [táigər 타이거-]
☺☹ 황소 | bull [búl 불]

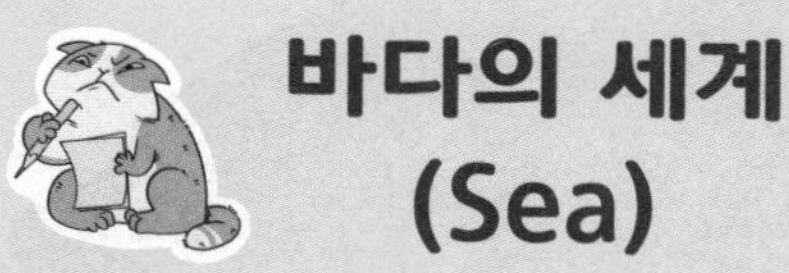

바다의 세계 (Sea)

☺☹	가재	crayfish [kréifìʃ 크레이피쉬]
☺☹	게	crab [krǽb 크랩]
☺☹	고래	whale [*h*wéil 웨일]
☺☹	금붕어	goldfish [góuldfìʃ 고울드피쉬]
☺☹	낙지	small octopus [smɔ́:l áktəpəs 스몰 악터퍼스]
☺☹	대구	cod [kád 카드]
☺☹	돌고래	dolphin [dálfin 달핀]
☺☹	문어	octopus [áktəpəs 악터퍼스]
☺☹	물개	seal [sí:l 씰]

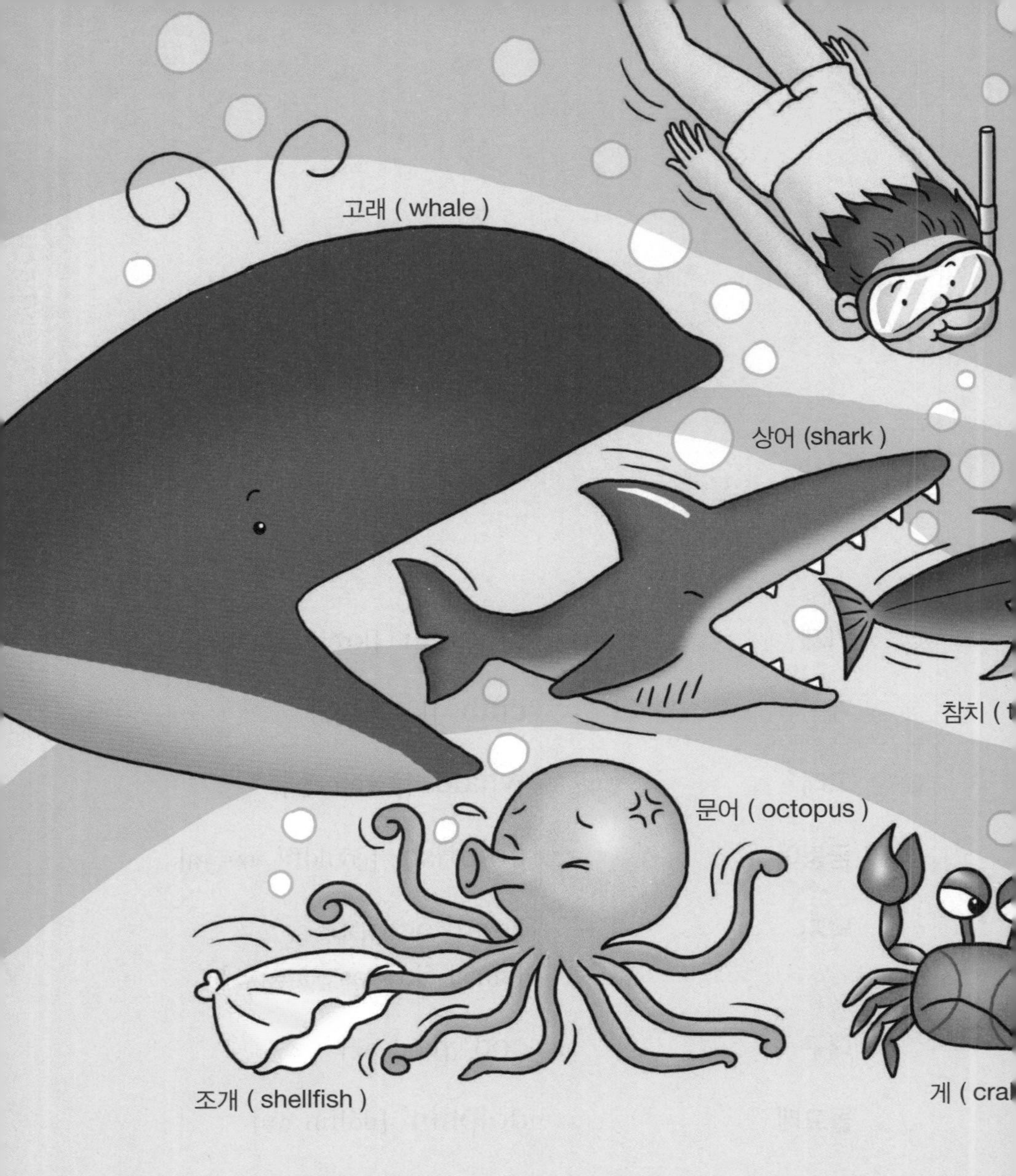

고래 (whale)
상어 (shark)
참치
문어 (octopus)
조개 (shellfish)
게 (cra

금붕어 (goldfish)
돌고래 (dolphin)
뱀장어 (eel)
해마 (sea horse)
해초 (seaweed)
연어 (salmon)
오징어 (squid)
불가사리 (starfish)

☺☹ 물고기	fish [fíʃ 피쉬]
☺☹ 바다가재	lobster [lábstər 랍스터-]
☺☹ 바다사자	sea lion [síː láiən 씨- 라이언]
☺☹ 뱀장어 / 장어	eel [íːl 일]
☺☹ 보리새우	prawn [prɔ́ːn 프론]
☺☹ 불가사리	starfish [stáːrfìʃ 스타-피쉬]
☺☹ 상어	shark [ʃáːrk 샤-크]
☺☹ 연어	salmon [sǽmən 새먼]
☺☹ 오징어	cuttlefish [kʌ́tlfìʃ 커틀피쉬]
☺☹ 작은 새우	shrimp [ʃrímp 슈림프]
☺☹ 조개	shellfish [ʃélfìʃ 쉘피쉬]
☺☹ 참치	tuna [tjúːnə 튜-너]
☺☹ 해마	sea horse [siː hɔːrs 씨- 호-스]
☺☹ 해초	seaweed [síːwìːd 씨-위-드]
☺☹ 해파리	jellyfish [dʒélifìʃ 젤리피쉬]
☺☹ 홍합	mussel [mʌ́səl 머슬]

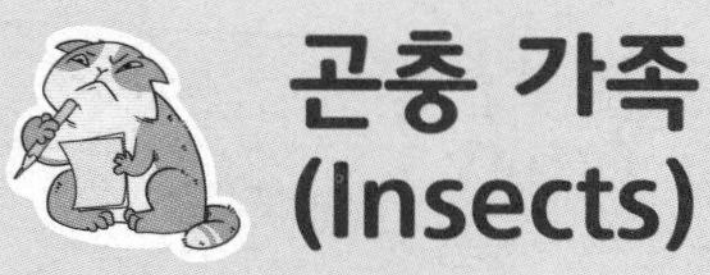

곤충 가족 (Insects)

☺☹ 개미	ant [ǽnt 앤트]
☺☹ 거미	spider [spáidə*r* 스파이더-]
☺☹ 곤충	insect [ínsekt 인섹트]
☺☹ 귀뚜라미	cricket [kríkit 크리킷]
☺☹ 꿀벌	honeybee [hʌ́nibìː 허니비-]
☺☹ 나방	moth [mɔ́ːθ 모-쓰]
☺☹ 나비	butterfly [bʌ́tə*r*flài 버터-플라이]
☺☹ 달팽이	snail [snéil 스네일]
☺☹ 딱정벌레	beetle [bíːtl 비-틀]

지렁이 (earthworm)
나비 (butterfly)
딱정벌레 (beetle)
벌레 (worm)

oneybee)
모기 (mosquito)
(ant)
잠자리
(dragonfly)
사마귀 (mantis)
거미 (spider)
달팽이 (snail)

☺☹ 메뚜기	grasshopper [grǽshɑ̀pər 그래스합퍼-]
☺☹ 모기	mosquito [mɔskíːtou 모스키-토우]
☺☹ 무당벌레	ladybug [léidibʌ̀g 레이디벅]
☺☹ 바퀴벌레	cockroach [kɑ́kròutʃ 칵크로우치]
☺☹ 벌레	worm [wə́ːrm 웜]
☺☹ 사마귀	mantis [mǽntis 맨티스]
☺☹ 애벌레	larva [léːrvə 레-버]
☺☹ 잠자리	dragonfly [drǽgənflài 드래건플라이]
☺☹ 전갈	scorpion [skɔ́ːrpiən 스콜피언]
☺☹ 지렁이	earthworm [əːrθwəːrm 어-쓰웜]
☺☹ 진드기	tick [tík 틱]
☺☹ 파리	fly [flái 플라이]
☺☹ 하루살이	day-fly [dèi flài 데이 플라이]

식물나라 (Plants)

☺☹ 가시	thorn [θɔ́ːrn 써-언]
☺☹ 곡식	grain [gréin 그레인]
☺☹ 꽃	flower [fláuər 플라워-]
☺☹ 꽃다발	bouquet [boukéi 보오케이]
☺☹ 꽃잎	petal [pétl 페틀]
☺☹ 나무	tree [tríː 트리-]
☺☹ 난초	orchid [ɔ́ːrkid 오-키드]
☺☹ 느릅나무	elm [élm 에름]
☺☹ 단풍나무	maple [méipl 메이플]
☺☹ 덩굴	vine [vain 바인]

☺☹ 목화	**cotton** [kɔ́tn 코튼]
☺☹ 밀	**wheat** [*h*wíːt 위-트]
☺☹ 백합	**lily** [líli 릴리]
☺☹ 버드나무	**willow** [wílou 윌로우]
☺☹ 벼	**rice plant** [ráis plǽnt 라이스 플랜트]
☺☹ 보리	**barley** [bάː*r*li 발-리]
☺☹ 봉오리	**bud** [bʌd 버드]
☺☹ 뿌리	**root** [rúːt 루-트]
☺☹ 선인장	**cactus** [kǽktəs 캑터스]
☺☹ 소나무	**pine** [páin 파인]
☺☹ 수선화	**daffodil** [dǽfədìl 대퍼딜]
☺☹ 식물	**plant** [plǽnt 플랜트]
☺☹ 싹	**bud** [bʌ́d 버드]
☺☹ 씨	**seed** [síːd 시-드]
☺☹ 약초	**herb** [*h*ə́ː*r*b 허-브]
☺☹ 오크	**oak** [óuk 오우크]

식물나라

☺☹ 옥수수 | corn [kɔ́ːrn 콘]

☺☹ 은행나무 | ginkgo [gíŋkou 징코우]

☺☹ 잎 | leaf [líːf 리-프]

☺☹ 자작나무 | birch [bə́ːrtʃ 버-취]

☺☹ 잡초 | weed [wíːd 위-드]

☺☹ 잣나무 | pine-nuts [páin nʌ́ts 파인 넛스]

☺☹ 장미 | rose [róuz 로우즈]

☺☹ 재스민 | jasmine [dʒǽzmin 재즈민]

☺☹ 제비꽃 | violet [váiəlit 바이얼릿]

☺☹ 줄기 | stem [stém 스템]

☺☹ 카네이션 | carnation [kaːrnéiʃən 카-네이션]

☺☹ 튤립 | tulip [tjúːlip 튤립]

☺☹ 풀 | grass [grǽs 그래스]

☺☹ 해바라기 | sunflower [sʌ́nflàuər 선플라워-]

엄마! 나뭇잎은 영어로 뭐예요?

➔ 나무 각 부분의 영어 이름은 무엇일까요?
그림을 보고 익혀 봐요.

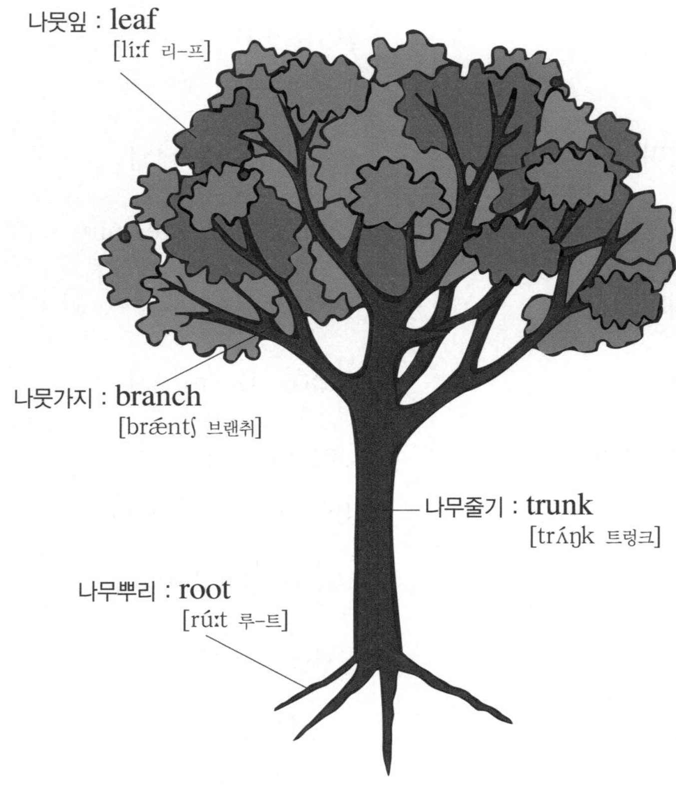

야채와 과일 (Vegetables and Fruits)

☺ ☹ 가지	eggplant [égplæ̀nt 에그플랜트]
☺ ☹ 감자	potato [pətéitou 퍼테이토우]
☺ ☹ 고구마	sweet potato [swíːt pətéitou 스윗 퍼테이토우]
☺ ☹ 고추	red pepper [réd pépər 레드 펩퍼-]
☺ ☹ 과일	fruit [frúːt 프룻트]
☺ ☹ 당근	carrot [kǽrət 캐럿]
☺ ☹ 딸기	strawberry [strɔ́ːbèri 스트로-베리]
☺ ☹ 레몬	lemon [lémən 레먼]

☺☹ 마늘	garlic [gáːrlik 갈릭]
☺☹ 망고	mango [mǽŋgou 맹고우]
☺☹ 메론	melon [mélən 메런]
☺☹ 무	radish [rǽdiʃ 래디쉬]
☺☹ 바나나	banana [bənǽnə 버내너]
☺☹ 버섯	mushroom [mʌ́ʃruːm 머쉬룸]
☺☹ 배	pear [pɛ́ər 페어-]
☺☹ 배추	Chinese cabbage [tʃainíːz kǽbidʒ 차이니-즈 캐비지]
☺☹ 복숭아	peach [píːtʃ 피-치]
☺☹ 사과	apple [ǽpl 애플]
☺☹ 살구	apricot [ǽprəkɔ́t 애프러콧]
☺☹ 상추	lettuce [létis 렉티스]
☺☹ 샐러리	celery [séləri 셀러리]
☺☹ 수박	watermelon [wɔ́ːtərmèlən 워-터-메런]
☺☹ 시금치	spinach [spínitʃ 스피니치]

☺☹ 야채	vegetable [védʒətəbl 베저터블]
☺☹ 양배추	cabbage [kǽbidʒ 캐비지]
☺☹ 양파	onion [ʌ́njən 어니언]
☺☹ 오렌지	orange [ɔ́:rindʒ 오-린지]

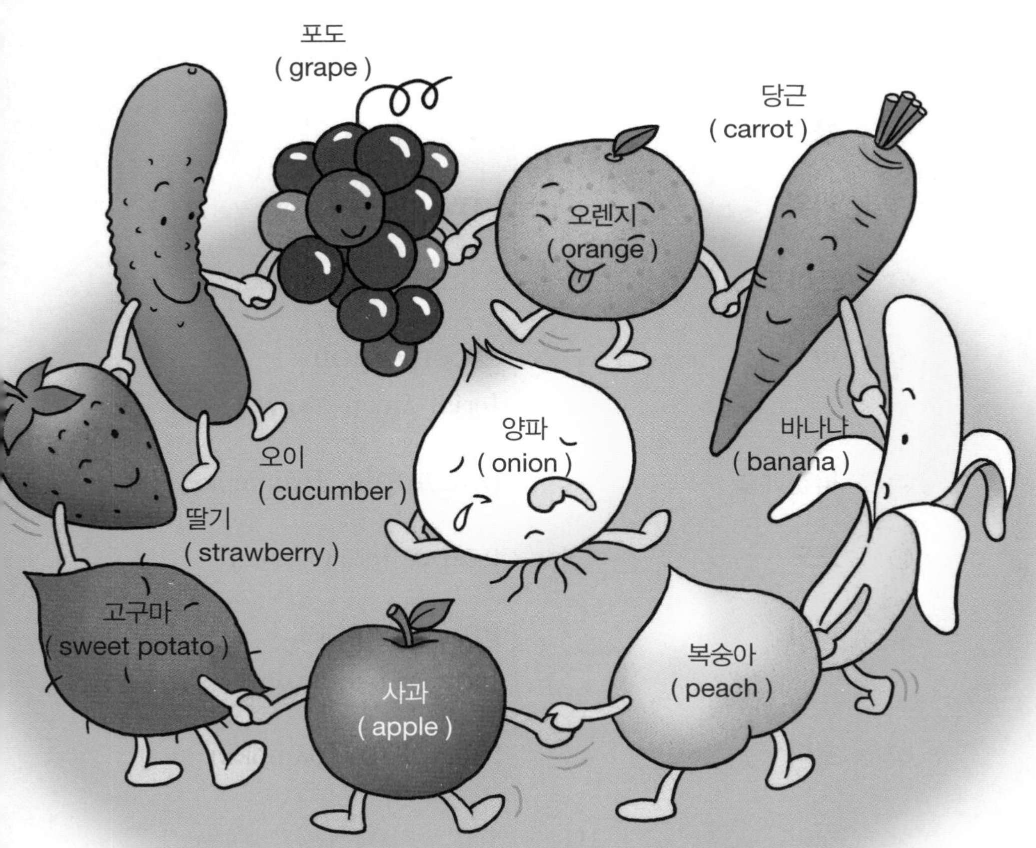

☺☹ 오이	cucumber [kjú:kʌmbər 큐-컴버-]
☺☹ 옥수수	corn [kɔ́:rn 콘-]
☺☹ 완두콩	pea [pí: 피-]
☺☹ 자두	plum [plʌ́m 플럼]
☺☹ 체리	cherry [tʃéri 체리]
☺☹ 코코넛	coconut [kóukənʌ̀t 코우커넛]
☺☹ 콩	bean [bí:n 빈]
☺☹ 키위	kiwi [kí:wi 키-위]
☺☹ 토마토	tomato [təméitou 터메이토우]
☺☹ 파	green onion [grí:n ʌ́njən 그린 어니언]
☺☹ 파인애플	pineapple [páinæpl 파인애플]
☺☹ 포도	grape [gréip 그레이프]
☺☹ 피망	green pepper [grí:n pépər 그린 펩퍼-]
☺☹ 호박	pumpkin [pʌ́mpkin 펌프킨]

식료품과 잡화 (Groceries)

☺☹ 간장	soy sauce [sɔ́i sɔ́ːs 소이 소-스]
☺☹ 감자 튀김	French fries [fréntʃ fráiz 프렌치 프라이즈]
☺☹ 건과일	dry fruit [drai fruːt 드라이 프룻트]
☺☹ 겨자 소스	mustard [mʌ́stərd 머스터-드]
☺☹ 견과	nuts [nʌ́ts 넛츠]
☺☹ 계란	egg [ég 에그]
☺☹ 계산서 / 청구서	bill [bíl 빌]
☺☹ 고기	meat [míːt 미-트]

☺☹ 고추장 | hot pepper sauce [hát pépər sɔ́ːs 핫 펩퍼- 소-스]

☺☹ 과일주스 | fruit juice [fruːt dʒuːs 프룻트 쥬-스]

☺☹ 국수 | noodle [núːdl 누-들]

☺☹ 굴 | oyster [ɔ́istər 오이스터-]

☺☹ 기름 | oil [ɔ́il 오일]

☺☹ 껌 | gum [gʌ́m 검]

☺☹ 닭고기 | chicken [tʃíkin 치킨]

☺☹ 대합 조개 | clam [klǽm 클램]

☺☹ 도넛 | donut [dóunət 도우넛]

☺☹ 돼지고기 | pork [pɔ́ːrk 포-크]

☺☹ 된장 | soybean paste [sɔ́ibìːn péist 소이빈 페이스트]

☺☹ 마가린 | margarine [máːrdʒərin 마-저린]

☺☹ 마요네즈 | mayonnaise [méiənèiz 메이어네이즈]

식료품과 잡화

☺ ☹	밀가루	flour [fláuər 플라워-]
☺ ☹	바구니	basket [bǽskit 배스킷]
☺ ☹	버터	butter [bʌ́tər 버터-]
☺ ☹	베이컨	bacon [béikən 베이컨]
☺ ☹	비스킷	biscuit [bískit 비스킷]
☺ ☹	빵	bread [bréd 브레드]
☺ ☹	샌드위치	sandwich [sǽndwitʃ 샌드위치]
☺ ☹	샐러드	salad [sǽləd 샐러드]
☺ ☹	생수	mineral water [mínərəl wɔ́:tər 미너럴 워-터-]
☺ ☹	설탕	sugar [ʃúgər 슈거-]
☺ ☹	소금	salt [sɔ́:lt 솔트]
☺ ☹	소시지	sausage [sɔ́:sidʒ 소-시지]
☺ ☹	송어	trout [tráut 트라웃]
☺ ☹	쇠고기	beef [bí:f 비-프]
☺ ☹	수프	soup [sú:p 숩]

☺ ☹ 스테이크 | steak [stéik 스테이크]

☺ ☹ 스파게티 | spaghetti [spəgéti 스퍼게티]

☺ ☹ 식료잡화점 | grocery [gróusəri 그로우서리]

☺ ☹ 식초 | vinegar [vínigər 비니거-]

☺☹ 싼 물건 / 매매	bargain [bɑ́ːrgin 바-긴]
☺☹ 쌀	rice [ráis 라이스]
☺☹ 아이스크림	ice cream [áis krìːm 아이스 크림]
☺☹ 야채 수프	vegetable soup [védʒətəbəl suːp 베저터블 숩]
☺☹ 양념	spice [spáis 스파이스]
☺☹ 연어	salmon [sǽmən 새먼]
☺☹ 오리고기	duck [dʌk 덕]
☺☹ 요구르트	yogurt [jóugərt 요우거-트]
☺☹ 우유	milk [mílk 밀크]
☺☹ 음료수	beverage [bévəridʒi 베버리지]
☺☹ 잼	jam [dʒæm 잼]
☺☹ 주스	juice [dʒúːs 주-스]
☺☹ 차	tea [tíː 티-]
☺☹ 초콜릿우유	chocolate milk [tʃɔ́kəlit mílk 초커릿 밀크]

☺☹ 치즈 | cheese [tʃíːz 치-즈]

☺☹ 칠면조 고기 | turkey [tə́ːrki 터-키]

☺☹ 캔디 | candy [kǽndi 캔디]

☺☹ 커피 | coffee [kɔ́ːfi 코-피]

☺☹ 케이크 | cake [kéik 케이크]

☺☹ 케첩 | ketchup [kétʃəp 케첩]

☺☹ 쿠키 | cookie [kúki 쿠키]

☺☹ 크래커 | crackers [krǽkərz 크래커-즈]

☺☹ 크림 | cream [kríːm 크림]

☺☹ 피자 | pizza [píːtsə 핏쩌]

☺☹ 피클 | pickle [píkəl 피컬]

☺☹ 핫도그 | hot dog [hát dɔ́ːg 핫 독]

☺☹ 햄 | ham [hǽm 햄]

☺☹ 햄버거 | hamburger [hǽmbəːrgər 햄버-거-]

☺☹ 후추 | pepper [pépər 펩퍼-]

옷, 신발과 액세서리 (Clothing, Footwear, and Accessories)

☺☹ 가죽	leather [léðər 레더-]
☺☹ 고무창 운동화	sneakers [sní:kərz 스니-커-즈]
☺☹ 귀걸이	earrings [íərìŋz 이어링즈]
☺☹ 나일론	nylon [náilɑn 나일란]
☺☹ 넥타이	tie [tái 타이]
☺☹ 단추	button [bʌ́tn 버튼]
☺☹ 단추구멍	buttonhole [bʌ́tnhòul 버튼호울]
☺☹ 리본	ribbon [ríbən 리번]
☺☹ 면	cotton [kɔ́tn 코튼]

☺☹ **모양 / 형태**	**shape** [ʃéip 쉐이프]
☺☹ **모자**	**hat** [hǽt 햇]
☺☹ **모형 / 모델**	**model** [mɔ́dl 모들]
☺☹ **목걸이**	**necklace** [néklis 네클리스]
☺☹ **목도리**	**scarf** [skɑ́ːrf 스카-프]
☺☹ **바지**	**pants** [pǽnts 팬츠]
☺☹ **반바지**	**shorts** [ʃɔ́ːrtʃ 쇼-츠]
☺☹ **반지**	**ring** [ríŋ 링]
☺☹ **벨트**	**belt** [bélt 벨트]
☺☹ **보석류**	**jewelry** [dʒúːəlri 쥬-얼리]
☺☹ **부츠**	**boots** [búːtʃ 부-츠]
☺☹ **브래지어**	**bra** [brɑ́ː 브라-]
☺☹ **블라우스**	**blouse** [bláus 블라우스]
☺☹ **비옷**	**raincoat** [réinkòut 레인코우트]
☺☹ **배낭**	**backpack** [bǽkpæ̀k 백팩]
☺☹ **샌들**	**sandals** [sǽndlz 샌들즈]

☺☹ 선글라스 | sunglasses [sʌ́ŋglæ̀siz 선글래시즈]

☺☹ 선물 | gift [gíft 기프트]

☺☹ 선물 | present [préznt 프레즌트]

☺☹ 셔츠 | shirt [ʃə́:rt 셔-트]

☺☹ 소매 | sleeve [slí:v 슬리-브]

☺☹ 손목시계 | watch [wɑ́tʃ 와치]

☺☹ 손수건 | handkerchief [hǽŋkərtʃif 행커-치프]

☺☹ 수영복 | swimsuit [swímsù:t 스임수-트]

☺☹ 스웨터	sweater [swétər 스웨터-]
☺☹ 스키복	ski suit [skíː sùːt 스키- 수-트]
☺☹ 스타킹	stockings [stákiŋz 스탁킹즈]
☺☹ 슬리퍼	slippers [slípərz 슬리퍼-즈]
☺☹ 신발	shoes [ʃúːz 슈-즈]
☺☹ 신발	footwear [fútwὲər 풋웨어-]
☺☹ 실크	silk [sílk 실크]
☺☹ 야구모자	baseball cap [béisbɔ̀ːl kæp 베이스볼 캡]
☺☹ 양말	socks [sáks 삭스]
☺☹ 열쇠고리	key ring [kíː ríŋ 키- 링]
☺☹ 옷	clothing [klóuðiŋ 클로우딩]
☺☹ 우산	umbrella [ʌmbrélə 엄브렐러]
☺☹ 운동복	sportswear [spɔ́ːrtʃwὲər 스포-츠웨어-]
☺☹ 울	wool [wúl 울]
☺☹ 원피스	dress [drés 드레스]

☺☹ 유니폼	uniform [jú:nəfɔ̀:rm 유-너폼]
☺☹ 잠옷	nightgown [náitgàun 나잇가운]
☺☹ 장갑	gloves [glʌ́vz 글러브즈]
☺☹ 장식품들	accessories [æksésəriz 액세서리즈]
☺☹ 장식핀	pin [pín 핀]
☺☹ 재킷	jacket [dʒǽkit 재킷]
☺☹ 절반	half [hǽ:f 하-프]
☺☹ 정장	suit [sú:t 수-트]
☺☹ 조깅복	jogging suit [dʒɔ́giŋ sù:t 조깅 수-트]
☺☹ 조끼	vest [vést 베스트]
☺☹ 종류	sort [sɔ́:rt 소-트]
☺☹ 종류 / 방법	style [stáil 스타일]
☺☹ 지갑	wallet [wɑ́lit 왈릿]
☺☹ 지퍼	zipper [zípər 지퍼-]
☺☹ 질 / 품질	quality [kwɑ́ləti 콰러티]

☺☹ 책가방 | book bag [búk bǽg 북 백]

☺☹ 청바지 | jeans [dʒíːnz 진-즈]

☺☹ 치마 | skirt [skə́ːrt 스커-트]

☺☹ 칼라 | collar [kálər 칼러-]

☺☹ 코트 | coat [kóut 코우트]

☺☹ 크기 | size [sáiz 사이즈]

☺☹ 파자마(잠옷) | pajamas [pədʒáːməz 퍼자-머즈]

☺☹ 팔찌 | bracelet [bréislit 브레이슬릿]

☺☹ 팬티 | panties [pǽntiz 팬티즈]

☺☹ 한 벌 | set [sét 셋]

☺☹ 한 벌 | suit [súːt 수-트]

☺☹ 한 쌍 | pair [pέər 페어]

☺☹ 한 조각 | piece [píːs 피-스]

☺☹ 허리띠 | waistband [wéistbæ̀nd 웨이스트밴드]

☺☹ 호주머니 | pocket [pákit 파킷]

동사와 조동사

(Verb and Auxiliary verb)

☆ 동사(Verb)와 조동사(Auxiliary verb)란?

동사는 사람이나 사물의 행동이나 움직임 등을 설명하는 말이에요.

그래서 동사는 문장의 서술어가 된답니다. 영어에서는 동사가 없으면 문장이 완성되지 않아요.

우리나라 말은 동사가 문장 제일 끝에 오지만, 영어는 주어 다음에 바로 동사가 와요.

의문문을 만들 때에만 문장 맨 앞에 동사가 오게 돼요.

동사를 많이 알면 표현하고 싶은 행동과 동작을 자유롭게 영어 문장으로 만들 수 있어 좋아요.

조동사는 동사의 뜻을 돕는 말이에요. 조동사는 동사 앞에 놓이게 돼요.

조동사 역시 문장에서 아주 중요한 역할을 하므로 알아두면 좋아요.

모든 단어 앞에는 😊과 ☹ 마스코트가 있어요.
알거나 외운 단어는 😊에 체크하고, 모르거나 외우지 못한 단어는 ☹에 체크해요.
나중에 여러분이 아는 단어와 모르는 단어를 한눈에 알 수 있어요.

인생과 일상 (Life events and Everyday activities)

☺☹ 가다 / 도달하다	go [góu 고우]
☺☹ 가지다 / 먹다 / 시키다	have [hǽv 해브]
☺☹ 감사하다	thank [θǽŋk 쌩크]
☺☹ 감추다 / 숨기다	hide [háid 하이드]
☺☹ 거들다 / 원조하다 / 돕다	assist [əsíst 어시스트]
☺☹ 걷다	walk [wɔ́:k 워-크]
☺☹ 걸다 / 매달다	hang [hǽŋ 행]
☺☹ 결혼하다	marry [mǽri 매리]
☺☹ 경험하다 / 체험하다	experience [ikspíəriəns 익스피어리언스]

☺ ☹ 고용하다	hire [háiər 하이어-]
☺ ☹ 고치다	mend [ménd 멘드]
☺ ☹ 고치다	fix [fíks 픽스]
☺ ☹ 고치다 / 수선하다	repair [ripέər 리페어-]
☺ ☹ 고함치다	shout [ʃáut 샤우트]
☺ ☹ 교환하다 / 돈을 바꾸다	exchange [ikstʃéindʒ 익스체인지]
☺ ☹ 구부리다	bend [bénd 밴드]
☺ ☹ 그림 그리다	paint [péint 페인트]
☺ ☹ 기다리다	wait [wéit 웨이트]
☺ ☹ 계획하다 / 궁리하다	plan [plǽn 플랜]
☺ ☹ 깨다 / 깨뜨리다	break [bréik 브레이크]
☺ ☹ 끝내다	end [énd 엔드]
☺ ☹ 끝내다 / 끝마치다	finish [fíniʃ 피니쉬]
☺ ☹ 끌다 / 당기다 / 잡아떼다	pull [púl 풀]
☺ ☹ 나타나다	appear [əpíər 어피어-]
☺ ☹ 넣다	insert [insə́ːrt 인서-트]

☺☹ 놀다	play [pléi 플레이]
☺☹ 놓다 / 가지고 가다	put [pút 풋]
☺☹ 놓다 / 갖다 대다	set [sét 셋]
☺☹ 늘이다	lengthen [léŋθən 렝썬]
☺☹ 다림질하다	iron [áiərn 아이언]
☺☹ 다시 감다 / 되돌려 감다	rewind [rìːwáind 리-와인드]
☺☹ 닫다	close [klóuz 클로우즈]
☺☹ 던지다	throw [θróu 쓰로우]
☺☹ 던지다	pitch [pítʃ 피치]
☺☹ 도착하다	arrive [əráiv 어라이브]
☺☹ 돌리다 / 뒤집다	turn [tə́ːrn 턴]
☺☹ 동반하다 / 함께 하다	accompany [əkʌ́mpəni 어컴퍼니]
☺☹ 되다	become [bikʌ́m 비컴]
☺☹ 되돌아가다 / 되돌려주다	return [ritə́ːrn 리턴]
☺☹ 두다 / 맡기다	deposit [dipázit 디파짓]
☺☹ 듣다	listen [lísn 리슨]

☺☹ 들어가다 / 입력하다 | enter [éntər 엔터-]

☺☹ 떠나다 / 남기다 | leave [líːv 리-브]

☺☹ 떨어지다 / 내리다 | fall [fɔ́ːl 폴]

☺☹ 뛰다 / 점프하다 | jump [dʒʌ́mp 점프]

☺☹ 만들다 / 준비하다 | make [méik 메이크]

☺☹ 말하다 / 이야기하다 | talk [tɔ́ːk 톡]

☺☹ 머무르다 / 체류하다 | stay [stéi 스테이]

☺☹ 먹다 | eat [íːt 이-트]

☺☹ 먹을 것을 주다 | feed [fíːd 피-드]

☺☹ 멈추다 / 중단하다 | stop [stάp 스탑]

☺☹ 묶다 / 고정하다 | fasten [fǽsn 패슨]

☺☹ 물결치다 | wave [wéiv 웨이브]

☺☹ 물다 / 깨물다 | bite [báit 바이트]

☺☹ 물에 빠지다 | drown [dráun 드라운]

☺☹ 밀다 / 밀어내다 | push [púʃ 푸쉬]

☺☹ 바꾸다 / 갈다 | change [tʃéindʒ 체인지]

인생과 일상

☺☹ 반짝이다 / 깜박이다	twinkle [twíŋkl 팅클]
☺☹ 받다	receive [risíːv 리시-브]
☺☹ 받다	catch [kǽtʃ 캐치]
☺☹ 배우다	learn [lə́ːrn 런]
☺☹ 배치하다	arrange [əréindʒ 어레인지]
☺☹ 보고하다	report [ripɔ́ːrt 리포-트]
☺☹ 보내다	send [sénd 센드]
☺☹ 보다 / 바라보다	look [lúk 룩]
☺☹ 보호하다 / 막다 / 지키다	protect [prətékt 프러텍트]
☺☹ 불다 / 바람에 날리다	blow [blóu 블로우]
☺☹ 비우다	empty [émpti 엠프티]
☺☹ 빌리다	rent [rént 렌트]
☺☹ 빗질하다	comb [kóum 코움]
☺☹ 빨래하다	launder [lɔ́ːndər 런더-]
☺☹ 빼내다 / 제거하다	remove [rimúːv 리무-브]
☺☹ 사과하다	apologize [əpɑ́lədʒàiz 어팔러자이즈]

☺☹ 사다	buy [bái 바이]
☺☹ 살아 있다 / 살다	live [lív 리브]
☺☹ 삼키다	swallow [swálou 스와로우]
☺☹ 소개하다	introduce [ìntrədjúːs 인트러듀-스]
☺☹ 시작하다	begin [bigín 비긴]
☺☹ 시작하다	start [stáːrt 스타-트]
☺☹ 심다	plant [plǽnt 플랜트]
☺☹ 씻다 / 닦다	wipe [wáip 와잎]
☺☹ 씻다 / 빨래하다	wash [wáʃ 와쉬]
☺☹ 얻다 / 받다 / 사다	get [gét 겟]
☺☹ 여행하다	travel [trǽvəl 트래벌]
☺☹ 연습하다 / 실행하다	practice [prǽktis 프랙티스]
☺☹ 열다	open [óupən 오우픈]
☺☹ 염색하다 / 물들이다	dye [dái 다이]
☺☹ 오르다 / 올라가다	climb [kláim 클라임]
☺☹ 옮기다 / 갈아타다	transfer [trænsfə́ːr 트랜스퍼-]

☺☹ 요구하다 / 청구하다 | claim [kléim 클레임]

☺☹ 운동하다 | exercise [éksərsàiz 엑서-사이즈]

☺☹ 울다 | cry [krái 크라이]

☺☹ 웃다 | laugh [lǽf 래프]

☺☹ 유지하다 / 보유하다 | keep [kí:p 킵]

☺☹ 이다 / 있다 | be [bi, bí: 비]

☺☹ 이사하다 | move [mú:v 무-브]

☺☹ 인출하다 / 빼다 | withdraw [wiðdrɔ́: 위드로-]

☺☹ 읽다 | read [rí:d 리-드]

☺☹ 입다 / 신다 / 끼다 | wear [wɛ́ər 웨어-]

☺☹ 자다 | sleep [slí:p 슬립]

☺☹ 잠그다 / 고정시키다 | lock [lɔ́k 록]

☺☹ 잠이 깨다 / 깨우다 | wake [wéik 웨이크]

☺☹ 잡다 / 얻다 / 가지고가다 | take [téik 테이크]

☺☹ 잡다 / 유지하다 | hold [hóuld 호울드]

☺☹ 재생하다 | record [rikɔ́:rd 리코-드]

☺☹ 전화하다	dial [dáiəl 다이얼]
☺☹ 접다 / 접어 포개다	fold [fóuld 포울드]
☺☹ 졸업하다	graduate [grǽdʒuèit 그래쥬에이트]
☺☹ 죽다	die [dái 다이]
☺☹ 줄이다	shorten [ʃɔ́ːrtn 소-튼]
☺☹ 중단하다 / 잠시 멈추다	pause [pɔ́ːz 포-즈]
☺☹ 지불하다	pay [péi 페이]
☺☹ 지켜보다 / 망보다	watch [wátʃ 와치]
☺☹ 진공청소기로 청소하다	vacuum [vǽkjuəm 배큐엄]
☺☹ 짐을 싣다 / 넣다	load [lóud 로우드]
☺☹ 짖다	bark [báːrk 바-크]
☺☹ 차다	kick [kík 킥]
☺☹ 차다 / 슈트하다	shoot [ʃúːt 슈-트]
☺☹ 착륙하다	land [lǽnd 랜드]
☺☹ 찾다	find [fáind 파인드]
☺☹ 청소하다	clean [klíːn 클린]

☺☹ 청소하다 / 쓸어버리다	sweep [swíːp 스윕]
☺☹ 청하다 / 요청하다	request [rikwést 리퀘스트]
☺☹ 체포하다	arrest [ərést 어레스트]
☺☹ 초대하다	invite [inváit 인바이트]
☺☹ 출혈하다	bleed [blíːd 브리-드]
☺☹ 춤추다	dance [dǽns 댄스]
☺☹ 치다	hit [hít 힛]
☺☹ 치료하다 / 고치다	cure [kjúər 큐어-]
☺☹ 치장하다	decorate [dékərèit 데커레이트]
☺☹ 칭찬하다	compliment [kámpləmənt 캄플러먼트]
☺☹ 키스하다	kiss [kís 키스]
☺☹ 타다	ride [ráid 라이드]
☺☹ 타다 / 탑승하다	board [bɔ́ːrd 보-드]
☺☹ 투표하다	vote [vóut 보우트]
☺☹ 파마하다	perm [pə́ːrm 펌]
☺☹ 팔다	sell [sél 셀]

	뜻	단어
☺ ☹	패스하다 / 던지다	pass [pǽs 패스]
☺ ☹	편집하다 / 수정하다	edit [édit 에딧]
☺ ☹	포옹하다	hug [hʌ́g 허그]
☺ ☹	하다	do [dúː 두-]
☺ ☹	화상을 입다	burn [bə́ːrn 번]
☺ ☹	흉내내다 / 가장하다	pretend [priténd 프리텐드]

나의 하루를 영어로 배워요

앞에서 배운 동사를 이용해서 '*하루의 일과*' 를 적어 봐요. 동사에 전치사나 명사를 묶어서 사용하면 구체적인 일상의 활동을 말할 수 있답니다. 이런 표현들은 *구문을 통째로 알아두는 것*이 좋아요.

★ 태어나다 : be born
★ 학교를 다니기 시작하다 : start school
★ 직장을 잡다 : get a job
★ 학생이 되다 : become a student
★ 사랑에 빠지다 : fall in love
★ 결혼하다 : get married
★ 아이를 가지다 : have a baby
★ 집을 사다 : buy a house
★ 잠에서 깨다 : wake up
★ (잠자리에서) 일어나다 : get up
★ 샤워하다 : take a shower
★ 목욕하다 : take a bath
★ 이를 닦다 : brush my teeth
★ 옷을 입다 : get dressed
★ 옷을 벗다 : get undressed
★ 얼굴을 닦다 : wash my face

★ 화장하다 : put on makeup

★ 머리를 빗다 : comb my hair

★ 아침밥을 만들다 : make breakfast

★ 점심밥을 만들다 : make lunch

★ 저녁밥을 만들다 : make dinner

★ 아침밥을 먹다 : eat breakfast

★ 점심밥을 먹다 : eat lunch

★ 저녁밥을 먹다 : eat dinner

★ 안녕하세요.(아침인사) : Good morning.

★ 안녕하세요.(오후 인사) : Good afternoon.

★ 안녕하세요.(저녁 인사) : Good evening.

★ 감사합니다. : Thank you.

★ 친구를 소개하다 : introduce a friend

★ 잠자리를 정돈하다 : make the bed

★ 자러 가다 : go to bed

★ 집을 청소하다 : clean the house

★ 설거지하다 : wash the dishes

★ 텔레비전을 보다 : watch TV

★ 라디오를 듣다 : listen to the radio

★ 음악을 듣다 : listen to music

★ 불을 켜다 : turn on the lights

★ 불을 끄다 : turn off the lights

사람의 감정과 활동 (Emotion and Action)

☺☹ 가라앉히다	calm [kɑ́ːm 캄]
☺☹ 가르치다	teach [tíːtʃ 티-치]
☺☹ 가정하다 / 추측하다	suppose [səpóuz 서포우즈]
☺☹ 가치를 인정하다	appreciate [əpríːʃièit 어프리쉬에이트]
☺☹ 감탄하다 / 존경하다	admire [ædmáiər 어드마이어]
☺☹ 강요하다 / 억지로 시키다	force [fɔ́ːrs 포-스]
☺☹ 거절하다	refuse [rifjúːz 리퓨-즈]
☺☹ 거짓말하다	lie [lái 라이]
☺☹ 걱정하다	worry [wə́ːri 워리]

걸어 다니다 / 헤매다	wander [wɑ́ndər 완더-]
결심하다 / 결정하다	decide [disáid 디사이드]
경고하다 / 주의하다	warn [wɔ́ːrn 원-]
고르다 / 선택하다	choose [tʃúːz 츄-즈]
공격하다 / 비난하다	attack [ətǽk 어택크]
관심있다	interest [íntərəst 인터러스트]
구걸하다 / 부탁하다	beg [bég 베그]
구하다 / 저축하다	save [séiv 세이브]
굶어 죽다	starve [stɑ́ːrv 스타-브]
그만두다 / 그치다	quit [kwít 퀏]
기대하다 / 기다리다	expect [ikspékt 익스펙트]
기억하다	remember [rimémbər 리멤버-]
기운을 북돋우다	cheer [tʃíər 치어-]
깊이 생각하다	consider [kənsídər 컨시더-]
깨닫다 / 실현하다	realize [ríːəlaiz 리-어라이즈]
깨닫다 / 알아차리다	notice [nóutis 노우티스]

☺☹	남다	remain [riméin 리메인]
☺☹	낭비하다	waste [wéist 웨이스트]
☺☹	낳다 / 생산하다	produce [prədjúːs 프러듀-스]
☺☹	냄새를 맡다	smell [smél 스멜]
☺☹	노래하다	sing [síŋ 싱]
☺☹	논의하다 / 주장하다	argue [áːrgjuː 아-규-]
☺☹	놀라게 하다	surprise [sərpráiz 서-프라이즈]
☺☹	농담하다	joke [dʒóuk 조우크]
☺☹	놓치다	miss [mís 미스]
☺☹	누르다 / 강요하다	press [prés 프레스]
☺☹	눈물을 흘리다	tear [tíər 티어-]
☺☹	눕다 / 드러눕다	lie [lái 라이]
☺☹	느끼다 / 만져보다	feel [fíːl 필]
☺☹	늦추다 / 쉬다	relax [rilǽks 리랙스]
☺☹	다투다 / 싸우다	quarrel [kwɔ́ːrəl 쿼-럴]
☺☹	달리다	run [rʌ́n 런]
☺☹	담배를 피우다	smoke [smóuk 스모우크]

☺☹ 대답하다 | reply [riplái 리플라이]

☺☹ 대우하다 / 다루다 | treat [tríːt 트리-트]

☺☹ 더 좋아하다 | prefer [prifə́ːr 프리퍼-]

☺☹ 도착하다 / 연락하다 | reach [ríːtʃ 리-치]

☺☹ 돌아오다 / 돌려 주다 | return [ritə́ːrn 리턴]

☺☹ 동의하다 / 찬성하다 | agree [əgríː 어그리-]

☺☹ 두드리다 | knock [nάk 낙]

☺☹ 두려워하다 | fear [fíər 피어-]

☺☹ 뒤쫓다 | chase [tʃéis 체이스]

☺☹ 득점하다 | score [skɔ́ːr 스코어]

☺☹ 듣다 / 들리다 | hear [híər 히어-]

☺☹ 땀을 흘리다 | sweat [swét 스웻]

☺☹ 만나다 | meet [míːt 미-트]

☺☹ 만족시키다 | satisfy [sǽtisfài 새티스파이]

☺☹ 말하다 | tell [tél 텔]

☺☹ 말하다 / 관련 짓다 | relate [riléit 리레이트]

☺☹ 맛보다 | taste [téist 테이스트]

☺☹ 명령하다 / 지배하다 | command [kəmǽnd 커맨드]

☺☹ 미워하다 / 싫어하다 | hate [héit 헤이트]

☺☹ 미치다 | mad [mǽd 매드]

☺☹ 믿다 / 신뢰하다 | believe [bilíːv 빌리-브]

☺☹ 바라다 | hope [hóup 호우프]

☺☹ 바라다 | wish [wíʃ 위쉬]

☺☹ 바라다 / 원하다 | want [wάnt 완트]

☺☹ 반응하다 | respond [rispάnd 리스판드]

☺☹ 발견하다 / 알아차리다 | discover [diskʌ́vər 디스커버-]

☺☹ 발견하다 / 회복하다 | recover [rikʌ́vər 리커버-]

☺☹ 발명하다 | invent [invént 인벤트]

☺☹ 방문하다 | visit [vízit 비지트]

☺☹ 방어하다 / 지키다 | defend [difénd 디펜드]

☺☹ 보다 / 만나다 / 알다 | see [síː 씨-]

☺☹ 보여 주다 / 안내하다 | show [ʃóu 쇼우]

☺☹ 부드럽게 하다 | soften [sɔ́ːfən 소-펀]

☺☹ 부르다 / 전화하다 | call [kɔ́ːl 콜]

☺☹ 붐비다 / 모여들다 | crowd [kráud 크라우드]
☺☹ 빌려주다 | lend [lénd 렌드]
☺☹ 빌리다 | borrow [bɔ́ːrou 보-로우]
☺☹ 빚이 있다 | owe [óu 오우]
☺☹ 사라지다 / 없어지다 | disappear [dìsəpíər 디서피어-]
☺☹ 사랑하다 | love [lʌ́v 러브]
☺☹ 살아 남다 | survive [sərváiv 서-바이브]
☺☹ 상상하다 / 생각하다 | imagine [imǽdʒin 이매진]
☺☹ 새끼를 낳다 / 기르다 | breed [bríːd 브리-드]
☺☹ 생각나게 하다 | remind [rimáind 리마인드]
☺☹ 생각되다 / 보이다 | seem [síːm 심]
☺☹ 생각하다 | think [θíŋk 씽크]
☺☹ 서두르다 | hurry [hə́ːri 허-리]
☺☹ 선사하다 | present [prizént 프리젠트]
☺☹ 설명하다 / 해명하다 | explain [ikspléin 익스플레인]
☺☹ 성공하다 | succeed [səksíːd 석시-드]
☺☹ 세다 / 계산하다 | count [káunt 카운트]

사람의 감정과 활동

☺☹ 손뼉을 치다	clap [klǽp 크랩]
☺☹ 쉬다	rest [rést 레스트]
☺☹ 시도하다 / 노력하다	try [trái 트라이]
☺☹ 실수하다 / 오해하다	mistake [mistéik 미스테이크]
☺☹ 실패하다 / 실수하다	fail [féil 페일]
☺☹ 싸우다 / 전투하다	fight [fáit 파잇]
☺☹ 쓰다 / 보내다	spend [spénd 스펜드]
☺☹ 쓰다 / 사용하다	use [júːz 유-즈]
☺☹ 씹다	chew [tʃúː 츄-]
☺☹ 아이를 낳다	bear [bɛ́ər 베어-]
☺☹ 아픔을 주다	pain [péin 페인]
☺☹ 안내하다 / 조언하다	guide [gáid 가이드]
☺☹ 앉다 / 앉히다	sit [sít 싯]
☺☹ 알다	know [nóu 노우]
☺☹ 알리다 / 발표하다	announce [ənáuns 아나운스]
☺☹ 약속하다	promise [prámis 프라미스]
☺☹ 얻다 / 획득하다	gain [géin 게인]

☺☹ 연결하다 / 참가하다	join [dʒɔ́in 조인]
☺☹ 오다 / 도착하다	come [kʌ́m 컴]
☺☹ 요구하다 / 묻다	demand [dimǽnd 디맨드]
☺☹ 용감하게 싸우다	brave [bréiv 브레이브]
☺☹ 용서하다	pardon [pɑ́ːrdn 파-든]
☺☹ 용서하다 / 참아 주다	excuse [ikskjúːz 익스큐-즈]
☺☹ 원인이 되다	cause [kɔ́ːz 코-즈]
☺☹ 의미하다	mean [míːn 민]
☺☹ 이기다	win [wín 윈]
☺☹ 이해하다	understand [ʌ̀ndərstǽnd 언더-스탠드]
☺☹ 인정하다 / 알아보다	recognize [rékəgnàiz 레커그나이즈]
☺☹ 일어나다 / 우연히 하다	happen [hǽpən 해펀]
☺☹ 일하다	work [wə́ːrk 웍-]
☺☹ 잃어버리다	lose [lúːz 루-즈]
☺☹ 입증하다 / 증명하다	prove [prúːv 프루-브]

☺☹ 잊다	forget [fərgét 퍼-겟]
☺☹ 자라다	grow [gróu 그로우]
☺☹ 잔치를 베풀다	feast [fíːst 피-스트]
☺☹ 잡담하다	chat [tʃǽt 챗]
☺☹ 접촉하다 / 가볍게 누르다	touch [tʌ́tʃ 터치]
☺☹ 존경하다	respect [rispékt 리스펙트]
☺☹ 존중하다	regard [rigɑ́ːrd 리가-드]
☺☹ 좋아하다	like [láik 라이크]
☺☹ 주의하다 / 마음 쓰다	mind [máind 마인드]
☺☹ 죽이다	kill [kíl 킬]
☺☹ 즐기다 / 누리다	enjoy [indʒɔ́i 인조이]
☺☹ 지키다 / 보호하다	guard [gɑ́ːrd 가-드]
☺☹ 찢다	tear [tέər 테어-]
☺☹ 창조하다 / 이야기하다	create [kriéit 크리에이트]
☺☹ 찾다 / 조사하다	seek [síːk 씩]
☺☹ 추측하다	guess [gés 게스]

☺ ☹ 축하하다	celebrate [séləbrèit 세러브레이트]
☺ ☹ 파괴하다 / 무효로 하다	destroy [distrɔ́i 디스트로이]
☺ ☹ 파다 / 탐구하다	dig [díg 디그]
☺ ☹ 판단하다	judge [dʒʌ́dʒ 저즈]
☺ ☹ 편애하다	favor [féivər 페이버–]
☺ ☹ 풀다 / 해결하다	solve [sɑ́lv 살브]
☺ ☹ 피하다 / 비키다	avoid [əvɔ́id 어보이드]
☺ ☹ 하게 하다 / 허락하다	let [lét 렛]
☺ ☹ 한숨짓다	sigh [sái 사이]
☺ ☹ 행동하다 / 지휘하다	conduct [kɔ́ndʌkt 컨덕트]
☺ ☹ 허락하다 / 인정하다	allow [əláu 어라우]
☺ ☹ 허리를 굽히다 / 절하다	bow [báu 바우]
☺ ☹ 후회하다	regret [rigrét 리그렛]

quarrel

학교 생활 (Classroom actions)

☺ ☹ 가져오다 / 데려오다	bring	[bríŋ 브링]
☺ ☹ 검사하다	check	[tʃék 첵]
☺ ☹ 고치다 / 바로잡다	correct	[kərékt 컬렉트]
☺ ☹ 공부하다	study	[stʌ́di 스터디]
☺ ☹ 논의하다 / 토론하다	discuss	[diskʌ́s 디스커스]
☺ ☹ 답하다	answer	[ǽnser 앤써-]
☺ ☹ 당기다 / 그림 그리다	draw	[drɔ́ː 드로-]
☺ ☹ 대등하다 / 어울리다	match	[mǽtʃ 매치]
☺ ☹ 돕다	help	[hélp 헬프]
☺ ☹ 되풀이하다 / 반복하다	repeat	[ripíːt 리피-트]

☺☹ 말하다	say [séi 세이]
☺☹ 말하다 / 이야기하다	talk [tɔ́:k 토-크]
☺☹ 맞춤법에 따라 쓰다	spell [spél 스펠]
☺☹ 모으다	collect [kəlékt 컬렉트]
☺☹ 묻다 / 부탁하다	ask [ǽsk 애스크]
☺☹ 받아쓰게 하다	dictate [díkteit 딕테이트]
☺☹ 베끼다 / 모방하다	copy [kɑ́pi 카피]
☺☹ 보다 / 바라보다	look [lúk 룩]
☺☹ 분배하다 / 함께 나누다	share [ʃέər 쉐어-]
☺☹ 서다 / 참다	stand [stǽnd 스탠드]
☺☹ 쓰다	write [ráit 라이트]
☺☹ 아래에 선을 긋다	underline [ʌ́ndərlàin 언더-라인]
☺☹ 앉다	sit [sít 씻]
☺☹ 에워싸다 / 원을 그리다	circle [sə́:rkl 써-클]
☺☹ 올리다	raise [réiz 레이즈]
☺☹ 이야기하다 / 연설하다	speak [spí:k 스피-크]

☺☹ 주다 | give [gív 기브]
☺☹ 지나가다 / 합격하다 | pass [pǽs 패스]
☺☹ 지우다 | erase [iréiz 이레이즈]
☺☹ 채우다 | fill [fíl 필]
☺☹ 채점하다 / 표시하다 | mark [máːrk 마-크]
☺☹ 하다 | do [dúː 두-]

학교 생활을 영어로 배워요

➔ 앞에서 배운 동사를 이용해서 *'학교 생활'*을 적어 봐요. 동사에 전치사나 명사를 묶어서 사용하면 구체적인 활동을 말할 수 있답니다. 이런 표현들은 *문장을 통째로 알아두는 것*이 좋아요.

★ 일어나다 : stand up

★ 칠판에 가다 : go to the blackboard

★ 이름을 쓰다 : write a name

★ 이름을 지우다 : erase a name

★ 앉다 : sit down

★ 자리에 앉다 : take a seat

★ 책을 같이 보다 : share a book

★ 책을 펼치다 : open a book

★ 8쪽을 읽다 : read page eight

★ 8쪽을 공부하다 : study page eight

★ 단어를 찾아보다 : look up a word

★ 단어의 철자를 쓰다 : spell the (a) word

★ 단어를 받아쓰게 하다 : dictate a word

★ 단어를 베껴 쓰다 : copy the word

★ 단어를 반복해서 읽다 : repeat the word

★ 단어에 밑줄 긋다 : underline the word

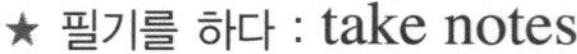

★ 필기를 하다 : take notes

★ 책을 덮다 : close a book

★ 그림을 그리다 : draw a picture

★ 뭔가를 말하다 : say something

★ 선생님에게 말하다 : talk to the teacher

★ 손을 들다 : raise a hand

★ 질문을 듣다 : listen to the question

★ 질문을 하다 : ask a question

★ 대답하다 : give an answer

★ 주제를 토론하다 : discuss the subject

★ 틀린 것을 바로잡다 : correct the mistakes

★ 서로 돕다 : help each other

★ 숙제를 하다 : do the homework

★ 숙제를 제출하다 : bring in homework

★ 질문에 답하다 : answer the questions

★ 빈 칸을 채우다 : fill in the blank

★ 정답에 동그라미치다 : circle the answer

★ 정답에 표시하다 : mark the answer

★ 맞는 항목끼리 짝짓다 : match the items

★ 답을 검사하다 : check the answers

★ 시험지를 나누어 주다 : pass out the tests

★ 시험지를 거두다 : collect the tests

일터에서의 활동 (Activities at work)

☺☹ 가르치다	teach [tíːtʃ 티-치]
☺☹ 같다	equal [íːkwəl 이-퀄]
☺☹ 검사하다 / 진찰하다	examine [igzǽmin 이그재민]
☺☹ 결과로서 생기다	result [rizʌ́lt 리절트]
☺☹ 교차하다 / 가로지르다	cross [krɔ́ːs 크로-스]
☺☹ 구르다	roll [róul 로울]
☺☹ 기르다 / 성장하다	grow [gróu 그로우]
☺☹ 기울다	trend [trénd 트렌드]
☺☹ 꼭 맞다 / 적합하다	fit [fít 핏]
☺☹ 꽉 채우다	compact [kəmpǽkt 컴팩트]

☺☹ 나누다 / 갈라 놓다	divide [diváid 디바이드]
☺☹ 날다	fly [flái 플라이]
☺☹ 넘쳐 흐르다	flow [flóu 플로우]
☺☹ 노래를 부르다	sing [síŋ 싱]
☺☹ 놓다 / 두다 / 눕히다	lay [léi 레이]
☺☹ 다음에 오다 / 따라가다	follow [fálou 팔로우]
☺☹ 닫다 / 다물다	shut [ʃʌ́t 셧]
☺☹ 담고 있다 / 포함하다	contain [kəntéin 컨테인]
☺☹ 도장을 찍다	stamp [stǽmp 스탬프]
☺☹ 들다 / 들어올리다	lift [líft 리프트]
☺☹ 떠나다 / 버리다 / 남기다	leave [líːv 리-브]
☺☹ 떨어지다 / 떨어뜨리다	drop [drɔ́p 드롭]
☺☹ 뚜껑을 덮다	cover [kʌ́vər 커버-]
☺☹ 마우스 버튼을 누르다	click [klík 클릭]
☺☹ 말리다	dry [drái 드라이]
☺☹ 모으다 / 조립하다	assemble [əsémbl 어셈블]

☺☹	몰다 / 운전하다	drive [dráiv 드라이브]
☺☹	문지르다	rub [rʌ́b 러브]
☺☹	물건을 대다 / 신청하다	apply [əplái 어플라이]
☺☹	바느질을 하다	sew [sóu 소우]
☺☹	배달하다 / 넘겨주다	deliver [dilívər 딜리버-]
☺☹	베다 / 풀베기를 하다	mow [móu 모우]
☺☹	분리하다 / 떼어놓다	separate [sépərèit 세퍼레이트]
☺☹	비용이 들다	cost [kɔ́ːst 코-스트]
☺☹	뿌리다 / 흩뿌리다	scatter [skǽtər 스캐터-]
☺☹	사냥하다	hunt [hʌ́nt 헌트]
☺☹	사진을 찍다	photo [fóutou 포토]
☺☹	속도를 내다	speed [spíːd 스피-드]
☺☹	수리하다 / 수선하다	repair [ripɛ́ər 리페어]
☺☹	수확하다	harvest [hɑ́ːrvist 하-비스트]
☺☹	실을 꿰다	thread [θréd 쓰레드]
☺☹	씨를 뿌리다	seed [síːd 시-드]

☺☹ 씨를 뿌리다	sow [sóu 소우]
☺☹ 연기하다 / 행동하다	act [ǽkt 액트]
☺☹ 오다 / 나타나다	come [kʌ́m 컴]
☺☹ 요리하다	cook [kúk 쿡]
☺☹ 움직이다 / 수술하다	operate [ɑ́pərèit 아퍼레이트]
☺☹ 잇다 / 연결하다	connect [kənékt 컨넥트]
☺☹ 잡아늘이다 / 뻗치다	stretch [strétʃ 스트레치]
☺☹ 장사하다	trade [tréid 트레이드]
☺☹ 제공하다 / 제출하다	offer [ɔ́:fər 오-퍼-]
☺☹ 조립하다 / 작곡하다	compose [kəmpóuz 컴포우즈]
☺☹ 중요하다	matter [mǽtər 매터-]
☺☹ 지키다 / 망보다	guard [gɑ́:rd 가-드]
☺☹ 짓다 / 건축하다	build [bíld 빌드]
☺☹ 짜맞추다 / 건설하다	construct [kənstrʌ́kt 컨스트럭트]
☺☹ 치다	strike [stráik 스트라이크]
☺☹ 타이프를 치다	type [táip 타이프]

☺☹ 파묻다 / 숨기다	bury [béri 베리]
☺☹ 팔다	sell [sél 셀]
☺☹ 페인트를 칠하다	paint [péint 페인트]
☺☹ 펴다 / 펼치다	spread [spréd 스프레드]
☺☹ 폭격하다	bomb [bám 밤]
☺☹ 표현하다 / 속달로 부치다	express [iksprés 익스프레스]
☺☹ 항해하다	sail [séil 세일]
☺☹ 흐르다	stream [stríːm 스트림]
☺☹ 흔들다	shake [ʃéik 쉐이크]

일터에서의 활동

'피아노 치다'가 영어로 뭐예요

➔ 앞에서 배운 동사를 이용해서 *일상 생활이나 일터*에서 할 수 있는 말들을 만들어 봐요. 하나의 동사로 여러 가지 활동을 설명할 수 있어요. 기본적인 동사와 그 쓰임을 많이 알면 문장을 쉽게 만들 수 있답니다.

★ 차로 출근하다 : drive to work

★ 퇴근하다 : leave work

★ 집에 오다 : come home

★ 기계를 조립하다 : assemble components

★ 집을 짓다 : build a house

★ 빌딩을 건설하다 : construct the building

★ 피자를 배달하다 : deliver pizzas

★ 채소를 기르다 : grow vegetables

★ 빌딩을 지키다 : guard buildings

★ 잔디를 깎다 : mow lawns

★ 기계를 작동하다 : operate equipment

★ 피아노를 치다 : play the piano

★ 엔진을 고치다 : repair a motor

★ 차를 팔다 : sell cars

★ 음식을 제공하다 : serve food

★ 학생들을 가르치다 : teach students

요리와 식사 (Cooking and Eating)

☺☹	굽다	bake [béik 베이크]
☺☹	굽다	broil [brɔ́il 브로일]
☺☹	기름으로 튀기다	fry [frái 프라이]
☺☹	기름을 바르다	grease [gríːs 그리-스]
☺☹	껍질을 벗기다 / 벗기다	peel [píːl 필]
☺☹	끓이다 / 삶다	boil [bɔ́il 보일]
☺☹	나르다 / 전하다	carry [kǽri 캐리]
☺☹	달걀을 휘저으며 부치다	scramble [skrǽmbl 스크램블]
☺☹	더하다 / 추가하다	add [ǽd 애드]
☺☹	따르다 / 쏟다	pour [pɔ́ːr 포어-]

☺☹ 로스트하다	roast [róust 로우스트]
☺☹ 마시다	drink [dríŋk 드링크]
☺☹ 먹다	eat [íːt 이-트]
☺☹ 명령하다 / 주문하다	order [ɔ́ːrdər 오-더-]
☺☹ 무게를 달다	weigh [wéi 웨이]
☺☹ 바비큐하다	barbecue [bɑ́ːrbikjùː 바-비큐-]
☺☹ 베다 / 자르다	cut [kʌ́t 컷]
☺☹ 비비다 / 갈다	grate [gréit 그레이트]
☺☹ 석쇠로 굽다	grill [gríl 그릴]
☺☹ 섞다 / 혼합하다	mix [míks 믹스]
☺☹ 섬기다 / 시중들다	serve [sə́ːrv 서-브]
☺☹ 얇게 썰다 / 잘라내다	slice [sláis 슬라이스]
☺☹ 자르다 / 잘게 썰다	chop [tʃɑ́p 찹]
☺☹ 재다 / 치수를 재다	measure [méʒər 메저-]
☺☹ 찌다 / 김을 쐬다	steam [stíːm 스팀]
☺☹ 치다 / 세게 휘젓다	beat [bíːt 비-트]
☺☹ 휘젓다 / 움직이다	stir [stə́ːr 스터-]

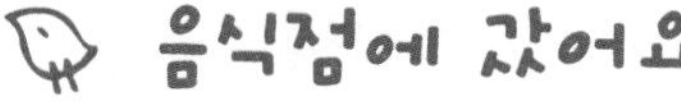

➔ 음식점에 갔을 때 꼭 알아야 할 영어 단어들은 무엇일까요? 또 요리를 할 때는 어떤 동사를 쓰나요. 동사 다음에 위치하는 명사는 표현하고 싶은 말에 따라 다양하게 골라 쓸 수 있어요.

★ 음식 무게를 달다 : weigh the food

★ 잘 휘젓다 : beat well

★ 팬에 기름칠을 하다 : grease the pan

★ 닭고기를 자르다 : cut up the chickens

★ 양파를 잘게 썰다 : chop the onions

★ 당근을 얇게 썰다 : slice the carrots

★ 감자 껍질을 벗기다 : peel the potatoes

★ 달걀을 그릇에 붓다 : pour the eggs into the bowl

★ 버섯을 찌다 : steam the mushrooms

★ 치즈를 갈다 : grate the cheese

★ 음식을 섞다 : mix the food

★ 빵을 굽다 : bake the bread

★ 쇠고기를 삶다 : boil beef

★ 쇠고기를 굽다 : roast beef

★ 야채를 첨가하다 : add the vegetables

★ 식탁을 차리다 : set the table

★ 손님을 앉히다 : seat the customer

★ 물을 따르다 : pour the water

★ 메뉴 보고 주문하다 : order from the menu

★ 주문을 받다 : take the order

★ 음식을 제공하다 : serve the meal

★ 음식을 먹다 : eat the meal

★ 물을 마시다 : drink the water

★ 식탁을 치우다 : clear the table

★ 쟁반을 나르다 : carry the tray

★ 계산서를 지불하다 : pay the check

★ 팁을 남기다 : leave a tip

★ 지배인 : manager

★ 출납원(돈을 받는 사람) : cashier

★ 음식을 나르는 남자 : waiter

★ 음식을 나르는 여자 : waitress

★ 메뉴(시킬 수 있는 음식의 종류) : menu

★ 샐러드 : salad

★ 디저트 : dessert

★ 손님 : customer

★ 요리사 : cook

조동사 (Auxiliary verb)

조동사

☺☹ **일 것이다** shall [ʃǽl 쉘]

* Shall we dance? (우리 춤출까요?)
  쉘 위 댄스

☺☹ **일지도 모른다** might [máit 마잇트]

* I might dream. (나는 꿈을 꾸는지도 모른다.)
  아이 마잇트 드림

☺☹ **할 것이다** will [wil 윌]

* I will go. (나는 갈 것이다.)
  아이 윌 고우

☺☹ **할 것이다 / 가끔 ~했다** would [wúd 우드]

* I would go there. (나는 가끔 거기에 가곤 했다.)
  아이 우드 고우 데어-

☺☹ **할 수 있다** can [kǽn 캔]

* I can do it. (나는 그것을 할 수 있다.)
  아이 캔 두 잇

☺☹ **할 수 있었다** **could** [kúd 쿠드]

* I could go. (나는 갈 수 있었다.)
아이 쿠드 고우

☺☹ **할 필요가 있다** **need** [níːd 니-드]

* I need to know. (나는 알 필요가 있다.)
아이 니-드 투 노우

☺☹ **해도 좋다 / 할 수 있다** **may** [méi 메이]

* You may go there. (너는 그곳에 가도 좋다.)
유 메이 고우 데어-

☺☹ **해야 한다** **must** [mə́st 머스트]

* I must go. (나는 반드시 가야 한다.)
아이 머스트 고우

☺☹ **해야 한다** **ought** [ɔ́ːt 오-트]

* I ought to know. (나는 반드시 알아야 한다.)
아이 오-트 투 노우

☺☹ **해야 한다** **should** [ʃúd 슈드]

* I should go. (나는 반드시 가야 한다.)
아이 슈드 고우

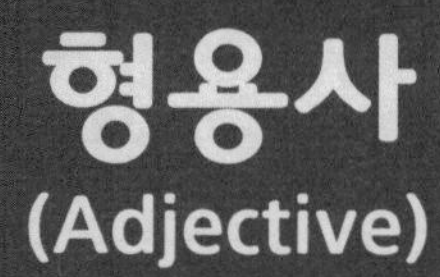

형용사
(Adjective)

☆ 형용사(Adjective)란?

형용사는 사람이나 사물의 형태, 상태, 성질 등을 묘사하는 말이에요.

형용사는 주로 명사를 설명하는 말로 많이 쓰이지만, 우리나라 말에서는 문장에서 자주 서술어가 되기 때문에 동사와 혼동하기 쉬워요.

하지만 영어에서는 형용사만으로는 서술어가 될 수 없답니다.

동사는 사람이나 사물의 움직임을 설명하는 말이라는 것만 확실히 기억해 두면 형용사와 혼동되지 않을 거예요.

형용사를 많이 알고 있으면 여러 가지 상황을 영어로 풍부하게 설명할 수 있어 좋아요.

모든 단어 앞에는 😊과 ☹ 마스코트가 있어요.
알거나 외운 단어는 😊에 체크하고, 모르거나 외우지 못한 단어는 ☹에 체크해요.
나중에 여러분이 아는 단어와 모르는 단어를 한눈에 알 수 있어요.

사람과 사물의 묘사 (Describing People and Things)

☺☹ 가난한 / 불쌍한	poor [púər 푸어-]
☺☹ 가득찬	full [fúl 풀]
☺☹ 가벼운 / 밝은	light [láit 라이트]
☺☹ 가장 나쁜 / 최악의	worst [wə́:rst 워-스트]
☺☹ 가장 나이가 많은	eldest [éldist 엘디스트]
☺☹ 가장 나이가 어린	youngest [jʌ́ŋgist 영기스트]
☺☹ 각자의	each [í:tʃ 이-치]
☺☹ 간단한	simple [símpl 심플]
☺☹ 같은	same [séim 세임]
☺☹ 같은 / 동등한	equal [í:kwəl 이-퀄]

☺☹ 거친	rough [rʌ́f 러프]
☺☹ 거친	tough [tʌ́f 터프]
☺☹ 결석한	absent [ǽbsənt 엡선트]
☺☹ 결혼한	married [mǽrid 메리드]
☺☹ 경제의	economic [èkənάmik 에커나믹]
☺☹ 고장난	broken [bróukən 브로우컨]
☺☹ 공적인 / 대중의	public [pʌ́blik 퍼블릭]
☺☹ 공통의 / 보통의 / 흔한	common [kάmən 카먼]
☺☹ 구겨진	wrinkled [ríŋkld 링클드]
☺☹ 국왕의	royal [rɔ́iəl 로열]
☺☹ 귀머거리의	deaf [déf 데프]
☺☹ 그 밖의	other [ʌ́ðər 어-더-]
☺☹ 그러한	such [sʌ́tʃ 써치]
☺☹ 기본의 / 초등의	elementary [èləméntəri 엘러멘터리]
☺☹ 긴	long [lɔ́:ŋ 롱]

☺☹ 깊은	deep [díːp 딥]
☺☹ 나쁜	bad [bǽd 배드]
☺☹ 날것의	raw [rɔ́ː 로-]
☺☹ 날카로운	sharp [ʃάːrp 샤-프]
☺☹ 낡은 / 늙은	old [oúld 오울드]
☺☹ 낮은	low [lóu 로우]
☺☹ 널따란 / 매우 넓은	broad [brɔ́ːd 브로-드]
☺☹ 넓은	wide [wáid 와이드]
☺☹ 높은	high [hái 하이]
☺☹ 느린	slow [slóu 슬로우]
☺☹ 느슨한	loose [lúːs 루-스]
☺☹ 늦은	late [léit 레이트]
☺☹ 다른	different [dífərənt 디퍼런트]
☺☹ 다양한	various [vέəriəs 베-리어스]
☺☹ 다음의	next [nékst 넥스트]
☺☹ 단단한 / 꼭 끼는	tight [táit 타잇트]

단정한 / 깔끔한	neat [níːt 니-트]
닫은 / 가까운	close [klóuz 클로우즈]
달콤한	sweet [swíːt 스위-트]
대부분의	most [móust 모우스트]
더 큰	more [mɔ́ːr 모어-]
더러운 / 불결한	dirty [də́ːrti 더-티]
더욱 나쁜	worse [wə́ːrs 워-스]
두꺼운	thick [θík 씩]
둥근	round [ráund 라운드]
드문 / 희귀한	rare [rέər 레어-]
딱딱한	hard [hɑ́ːrd 하-드]
떨어진	missing [mísiŋ 미싱]
또 하나의 / 다른	another [ənʌ́ðər 언어더-]
뚱뚱한	fat [fǽt 팻]
마른	dry [drái 드라이]
마지막의	last [lɑ́ːst 라-스트]

☺☹ 마지막의 / 최후의	final [fáinl 파이늘]
☺☹ 많은	many [méni 메니]
☺☹ 많은	much [mʌ́tʃ 머치]
☺☹ 맛이 매운	hot [hát 핫]
☺☹ 맛이 쓴 / 쓰라린	bitter [bítər 비터-]
☺☹ 맛이 짠	salty [sɔ́ːlti 솔티]
☺☹ 매우 많은 / 엄청난	numerous [njúːmərəs 뉴-머러스]
☺☹ 매우 맛있는	delicious [dilíʃəs 딜리셔스]
☺☹ 매일의 / 일상의	daily [déili 데일리]
☺☹ 먼	distant [dístənt 디스턴트]
☺☹ 몇몇의 / 몇 사람의	several [sévərəl 세버럴]
☺☹ 모든	all [ɔ́ːl 올]
☺☹ 모든 / 일체의	every [évri 에브리]
☺☹ 무거운	heavy [hévi 헤비]
☺☹ 무딘 / 둔한	dull [dʌ́l 덜]
☺☹ 무언가의 / 얼마간의	any [éni 에니]

☺☹ 반대의 | counter [káuntər 카운터-]

☺☹ 밝은 | bright [bráit 브라잇트]

☺☹ 벌거벗은 / 텅 빈 | bare [bɛ́ər 베어-]

☺☹ 보기 싫은 | ugly [ʌ́gli 어글리]

☺☹ 보다 나은 / 더 좋은 | better [bétər 베터-]

☺☹ 보통의 | usual [júːʒuəl 유-주얼]

☺☹ 보통의 / 평범한 | ordinary [ɔ́ːrdənèri 오-드네리]

☺☹ 복잡한 | complex [kəmpléks 컴플렉스]

☺☹ 부드러운 | soft [sɔ́ːft 소-프트]

☺☹ 부드러운 | smooth [smúːð 스무-드]

☺☹ 부은 / 부푼 | bloated [blóutid 브로우티드]

☺☹ 부은 / 부푼 | swollen [swóulən 소우룬]

☺☹ 부자인 | rich [rítʃ 리치]

☺☹ 부자인 | wealthy [wélθi 웰씨]

☺☹ 비싼 | expensive [ikspénsiv 익스펜시브]

사람과 사물의 묘사

☺☹ 빈	empty [émpti 엠프티]
☺☹ 빛나는	shiny [ʃáini 샤이니]
☺☹ 빠른	fast [fǽst 패스트]
☺☹ 빠른 / 신속한	quick [kwík 퀵]
☺☹ 새로운	new [njúː 뉴-]
☺☹ 서로 똑같은 / 비슷한	alike [əláik 어라이크]
☺☹ 쉬운	easy [íːzi 이-지]
☺☹ 시끄러운	noisy [nɔ́izi 노이지]
☺☹ 시끄러운	loud [láud 라우드]
☺☹ 시민의	civil [sívəl 시벌]
☺☹ 싼	cheap [tʃíːp 칩]
☺☹ 아름다운	beautiful [bjúːtəfəl 뷰-터펄]
☺☹ 얇은	thin [θín 씬]
☺☹ 양쪽의	both [bóuθ 보우쓰]
☺☹ 얕은	shallow [ʃǽlou 섈로우]
☺☹ 어느 한쪽의	either [íːðər 이-더-]

😊☹ 어두운 | dark [dá:rk 다-크]

😊☹ 어떤 / 어느 | some [sə́m 섬]

😊☹ 어려운 | difficult [dífikʌ̀lt 디피컬트]

😊☹ 어려운 / 단단한 | hard [há:rd 하-드]

😊☹ 어질러진 / 지저분한 | messy [mési 메시]

😊☹ 여분의 / 특별한 | extra [ékstrə 엑스트러]

😊☹ 연 | open [óupən 오우픈]

😊☹ 연상의 / 선배의 | senior [sí:njər 시-니어-]

😊☹ 연하의 / 후배의 | junior [dʒú:njər 주-니어-]

😊☹ 열두개의 / 한 다스의 | dozen [dʌ́zn 더즌]

😊☹ 예쁜 | pretty [príti 프리티]

😊☹ 옛날의 / 고대의 | ancient [éinʃənt 에인션트]

😊☹ 오른쪽의 | right [ráit 라잇트]

😊☹ 완전한 / 철저한 | thorough [θə́:rou 써-로우]

😊☹ 외국의 | foreign [fɔ́:rin 포-린]

😊☹ 왼쪽의 | left [léft 레프트]

☺☹ 우연의	casual [kǽʒuəl 캐주얼]
☺☹ 원래의 / 최초의	original [ərídʒənl 어리저늘]
☺☹ 유일한 / 단 하나의	only [óunli 오운리]
☺☹ 자기 자신의	own [óun 오운]
☺☹ 작은	little [lítl 리틀]
☺☹ 작은	small [smɔ́:l 스몰]
☺☹ 잘 익은 / 잘 한	well-done [wéldʌ́n 웰 던]
☺☹ 잘생긴	handsome [hǽnsəm 핸섬]
☺☹ 잠시의 / 간결한	brief [brí:f 브리-프]
☺☹ 적은 / 거의 없는	few [fjú: 퓨-]
☺☹ 전체의	whole [hóul 호울]
☺☹ 젊은	young [jʌ́ŋ 영]
☺☹ 젖은	wet [wét 웻]
☺☹ 조그만 / 아주 작은	tiny [táini 타이니]
☺☹ 조용한	quiet [kwáiət 콰이어트]
☺☹ 좁은	narrow [nǽrou 내로우]

☺☹ 좋은	good [gúd 굳]
☺☹ 주요한 / 최고급의	capital [kǽpətl 캐퍼틀]
☺☹ 중간의	middle [mídl 미들]
☺☹ 중간의 / 보통의	medium [míːdiəm 미-디엄]
☺☹ 중심의	central [séntrəl 센트럴]
☺☹ 지위가 높은 / 고귀한	noble [nóubl 노우블]
☺☹ 짧은	short [ʃɔ́ːrt 쇼-트]
☺☹ 청결한 / 깨끗한	clean [klíːn 클린]
☺☹ 최고의 / 가장 좋은	best [bést 베스트]
☺☹ 축축한	moist [mɔ́ist 모이스트]
☺☹ 출석한 / 현재의	present [préznt 프레즌트]
☺☹ 충분한	enough [inʌ́f 이너프]
☺☹ 충혈된 / 혼잡한	congested [kəndʒéstid 컨제스티드]
☺☹ 침묵하는 / 조용한	silent [sáilənt 사일런트]
☺☹ 큰	big [bíg 빅]
☺☹ 큰	large [láːrdʒ 라-지]

☺☹ 키가 큰	tall [tɔ́ːl 톨]
☺☹ 특별한	special [spéʃəl 스페셜]
☺☹ 특이한 / 특별한	particular [pərtíkjulər 퍼-티큐러-]
☺☹ 평범한 / 검소한	plain [pléin 플레인]
☺☹ 평평한 / 바람 빠진	flat [flǽt 플랫]
☺☹ 혼자의 / 결혼 안 한	single [síŋgl 싱글]
☺☹ 화려한 / 장식적인	fancy [fǽnsi 팬시]

엄마! 꽃가게가 영어로 뭐예요

➔ 동네마다 많은 가게들이 있어요. 무엇이든지 쉽게 살 수 있는 편의점에서부터 어린이 여러분이 아프면 꼭 가야 하는 병원에 이르기까지 참 많은 가게들이 있지요. 한번 신나게 외워 볼까요?

★ 레스토랑(음식점) : restaurant

★ 빵집 : bakery

★ 커피숍 : coffee shop

★ 가게 : store(shop)

★ 시장 : market

★ 백화점 : department store

★ 쇼핑 센터 : shopping mall

★ 편의점 : convenience store

★ 식품점 : grocery store

★ 도서관 : library

★ 학교 : school

★ 성당 / 절 : temple

★ 공장 : factory

★ 교회 : church

★ 구두 가게 : shoe store

★ 주유소 : gas station

★ 꽃가게 : flower shop

★ 안경가게 : optician's

★ 애완동물가게 : pet shop

★ 비디오가게 : video shop

★ 약국 : drugstore

★ 병원 : hospital

★ 미용실 : hair salon

★ 이발소 : barber shop

★ 세탁소 : laundry

★ 헬스클럽 : health club

★ 서점 : book store

★ 음악사 : music store

★ 공원 : park

★ 공중전화 : public telephone

★ 우체국 : post office

★ 은행 : bank

★ 법원 : courthouse

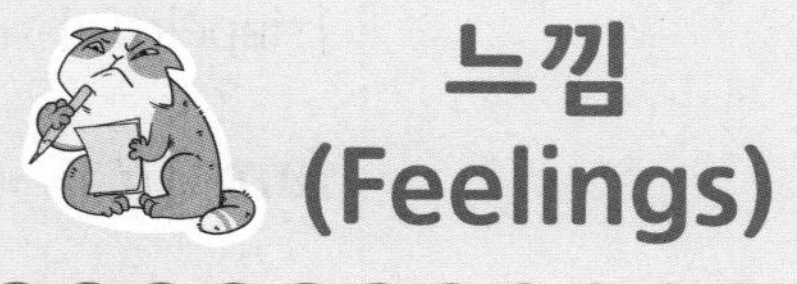

느낌 (Feelings)

☺☹ 가려운	itchy [ítʃi 잇치]
☺☹ 가장 사랑하는	darling [dɑ́ːrliŋ 다-링]
☺☹ 강한	strong [strɔ́ːŋ 스트롱]
☺☹ 걱정되는	worried [wə́ːrid 워-리드]
☺☹ 건강이 나쁜 / 병든	ill [íl 일]
☺☹ 건강한 / 좋은	well [wél 웰]
☺☹ 겁이 난	scared [skέərd 스케어-드]
☺☹ 게으른	lazy [léizi 레이지]
☺☹ 겸손한 / 얌전한	modest [mádist 마디스트]
☺☹ 고마운	thankful [θǽŋkfəl 쌩크펄]

☺☹ 곧은 / 똑바른	straight [stréit 스트레잇]
☺☹ 공손한 / 점잖은	respectful [rispéktfəl 릭스펙트플]
☺☹ 공정한	fair [fέər 페어-]
☺☹ 그릇된 / 거짓의	false [fɔ́:ls 폴스]
☺☹ 기분이 나쁜	upset [ʌ̀psét 업셋]
☺☹ 기쁜	glad [glǽd 글래드]
☺☹ 기쁜	joyful [dʒɔ́ifəl 조이펄]
☺☹ 기쁜 / 멋진	glorious [glɔ́:riəs 글로-리어스]
☺☹ 꼭 필요한 / 필수의	necessary [nésəsèri 네서세리]
☺☹ 꿈 많은	dreamy [drí:mi 드리-미]
☺☹ 나쁜	evil [í:vəl 이-벌]
☺☹ 낭만적인	romantic [roumǽntik 로우맨틱]
☺☹ 놀란	surprised [sərpráizd 서-프라이즈드]

☺☹ 다 써버린 / 지친	exhausted [igzɔ́:stid 이그조-스티드]
☺☹ 다친	hurt [hə́:*r*t 허-트]
☺☹ 당황한	embarrassed [imbǽrəst 임배러스트]
☺☹ 도덕의	moral [mɔ́:rəl 모-럴]
☺☹ 두려워하는 / 걱정하는	afraid [əfréid 어프레이드]
☺☹ 똑똑한	smart [smɑ́:*r*t 스마-트]
☺☹ 마음에 드는 / 좋아하는	favorite [féivərit 페이버릿]
☺☹ 명백한 / 분명한	obvious [ɑ́bviəs 아브비어스]
☺☹ 목마른	thirsty [θə́:*r*sti 써-스티]
☺☹ 무례한	rude [rú:d 루-드]
☺☹ 무서운 / 끔찍한	terrible [térəbl 테러블]
☺☹ 무서운 / 끔찍한	horrible [hɔ́:rəbl 호-러블]
☺☹ 무서운 / 대단한	awful [ɔ́:fəl 어-펄]
☺☹ 미안한	sorry [sɑ́ri 사리]
☺☹ 미친	mad [mǽd 매드]

☺☹ 미친 / 열광적인	crazy [kréizi 크레이지]
☺☹ 민중의 / 인기 있는	popular [pάpjulər 파퓰러-]
☺☹ 바른 / 곧은	right [ráit 라잇트]
☺☹ 바쁜	busy [bízi 비지]
☺☹ 배고픈	hungry [hʌ́ŋgri 헝그리]
☺☹ 배부른	full [fúl 풀]
☺☹ 부끄러워 / 수줍어	ashamed [əʃéimd 어쉐이므드]
☺☹ 부지런한 / 근면한	diligent [dílədʒənt 딜러전트]
☺☹ 불친절한 / 몰인정한	unkind [ʌ̀nkáind 언카인드]
☺☹ 불쾌한 / 귀찮은	annoyed [ənɔ́id 어노이드]
☺☹ 불편한	uncomfortable [ʌ̀nkʌ́mfərtəbl 언컴퍼-터블]
☺☹ 불행한	unhappy [ʌ́nhǽpi 언해피]
☺☹ 비현실적인	fanciful [fǽnsifəl 팬시펄]
☺☹ 살아 있는 / 생생한	alive [əláiv 어라이브]
☺☹ 소심한 / 수줍어하는	shy [ʃái 샤이]
☺☹ 소중한 / 사랑스러운	dear [díər 디어-]

☺☹ 슬픈	sad [sǽd 새드]
☺☹ 신선한	fresh [fréʃ 프레쉬]
☺☹ 실망한	disappointed [dìsəpɔ́intid 디서포인티드]
☺☹ 실망한 / 좌절한	frustrated [frʌ́streitid 프러스트레이티드]
☺☹ 실재하는 / 현실의	real [ríːəl 리-얼]
☺☹ 싫증난 / 역겨운	disgusted [disgʌ́stid 디스거스티드]
☺☹ 아픈	sick [sík 식]
☺☹ 안심되는	relieved [rilíːvd 릴리-브드]
☺☹ 안전한	safe [séif 세이프]
☺☹ 알아차린	aware [əwɛ́ər 어웨어-]
☺☹ 약한	weak [wíːk 위-크]
☺☹ 어리석은	foolish [fúːliʃ 풀-리쉬]
☺☹ 어리석은	stupid [stjúːpid 스튜-피드]
☺☹ 어리석은 / 멍청한	silly [síli 실리]
☺☹ 예의 바른 / 공손한	polite [pəláit 펄라이트]

느낌

☺ ☹ 온화한 / 친절한 | gentle [dʒéntl 젠틀]

☺ ☹ 올바른 | just [dʒʌ́st 저스트]

☺ ☹ 완전한 | perfect [pə́ːrfikt 퍼-픽트]

☺ ☹ 완전한 | complete [kəmplíːt 컴프리-트]

☺ ☹ 외로운 | lonely [lóunli 로운리]

☺ ☹ 용감한 | brave [bréiv 브레이브]

☺ ☹ 우수한 / 뛰어난 | excellent [éksələnt 엑설런트]

☺ ☹ 우아한 / 품위 있는 | graceful [gréisfəl 그레이스플]

☺ ☹ 위대한 / 훌륭한 | great [gréit 그레이트]

☺ ☹ 위험이 없는 / 안전한 | secure [sikjúər 시큐어-]

☺ ☹ 위험한 | dangerous [déindʒərəs 대인저러스]

☺ ☹ 유능한 | capable [kéipəbl 케이퍼블]

☺ ☹ 유명한 / 이름난 | famous [féiməs 페이머스]

☺ ☹ 의심스러운 | doubtful [dáutfəl 다우트펄]

☺ ☹ 이상한 | strange [stréindʒ 스트레인지]

☺☹ 자랑스러운 / 뽐내는 | proud [práud 프라우드]

☺☹ 자유로운 | free [fríː 프리-]

☺☹ 잔인한 | cruel [krúːəl 크루-얼]

☺☹ 잠들어 | asleep [əslíːp 어슬립]

☺☹ 전기의 / 충격적인 | electric [iléktrik 이렉트릭]

☺☹ 정직한 | honest [ánist 아니스트]

☺☹ 조용한 / 침착한 | calm [káːm 캄]

☺☹ 졸린 | sleepy [slíːpi 슬리-피]

☺☹ 좋은 / 멋진 | nice [náis 나이스]

☺☹ 좋은 / 훌륭한 / 착한 | good [gúd 굳]

☺☹ 주요한 | main [méin 메인]

☺☹ 죽은 | dead [déd 데드]

☺☹ 준비된 | ready [rédi 레디]

☺☹ 중요한 | important [impɔ́ːrtənt 임포-턴트]

☺☹ 중요한 | principal [prínsəpəl 프린서펄]

☺☹ 즐거운 / 기분이 좋은	pleasant [plézənt 프레전트]
☺☹ 지루한	bored [bɔ́:rd 보-드]
☺☹ 질투하는	jealous [dʒéləs 젤러스]
☺☹ 참된 / 진실의	true [trú: 트루-]
☺☹ 참을성 있는	patient [péiʃənt 페이션트]
☺☹ 초조한 / 긴장한	nervous [nə́:rvəs 너-버스]
☺☹ 최고의	classic [klǽsik 클래식]
☺☹ 치밀한 / 아담한	compact [kəmpǽkt 컴팩트]
☺☹ 친절한	kind [káind 카인드]
☺☹ 타고난 / 토착의	native [néitiv 네이티브]
☺☹ 편안한	comfortable [kʌ́mfərtəbl 컴퍼-터블]
☺☹ 피곤한	tired [táiərd 타이어-드]
☺☹ 한가한	leisure [léʒər 레저-]
☺☹ 한가한	idle [áidl 아이들]
☺☹ 행복한	happy [hǽpi 해피]
☺☹ 향수의	homesick [hóumsìk 호움씩]

☺☹ 현기증 나는 / 어지러운	dizzy [dízi 디지]
☺☹ 현명한	wise [wáiz 와이즈]
☺☹ 호기심 많은 / 이상한	curious [kjúəriəs 큐리어스]
☺☹ 혼란스러운	confused [kənfjú:zd 컨퓨-즈드]
☺☹ 혼자서 / 외로이	alone [əlóun 어로운]
☺☹ 화난	angry [ǽŋgri 앵그리]
☺☹ 확신하는 / 틀림없는	sure [ʃúər 슈어-]
☺☹ 확실한 /틀림없는	certain [sə́:rtn 써-튼]
☺☹ 환상적인 / 훌륭한	fantastic [fæntǽstik 팬태스틱]
☺☹ 환영받는 / 고마운	welcome [wélkəm 웰컴]
☺☹ 훌륭한 / 놀라운	wonderful [wʌ́ndərfəl 원더-펄]
☺☹ 훌륭한 / 좋은	fine [fáin 파인]
☺☹ 흥분된	excited [iksáitid 익사이티드]
☺☹ 희극의	comic [kámik 카믹]
☺☹ 희미한 / 어질어질한	faint [féint 페인트]

느낌

날씨 (Weather)

☺☹ 구름 낀	cloudy [kláudi 클라우디]
☺☹ 눈 오는	snowing [snóuiŋ 스노우잉]
☺☹ 더운	hot [hát 핫]
☺☹ 따뜻한	warm [wɔ́ːrm 웜]
☺☹ 맑은	clear [klíər 클리어-]
☺☹ 맑은	fine [fain 파인]
☺☹ 무더운 / 몹시 더운	muggy [mʌ́gi 머기]
☺☹ 바람 부는	windy [wíndi 윈디]
☺☹ 번개의	lightning [láitniŋ 라이트닝]
☺☹ 비 오는	raining [réiniŋ 레이닝]

☺☹ 스모그가 많은 | smoggy [smɑ́gi 스마기]
☺☹ 습한 | humid [hjúːmid 휴-미드]
☺☹ 시원한 | cool [kúːl 쿨]
☺☹ 안개 낀 | foggy [fɔ́ːgi 포-기]
☺☹ 어는 / 몹시 추운 | freezing [fríːziŋ 프리-징]
☺☹ 우박이 내리는 | hailing [héiliŋ 헤일링]
☺☹ 이슬비 내리는 | drizzling [drízliŋ 드리즈링]
☺☹ 진눈깨비 내리는 | sleeting [slíːtiŋ 스리-팅]
☺☹ 차가운 / 쌀쌀한 | chilly [tʃíli 칠리]
☺☹ 추운 | cold [kóuld 코울드]
☺☹ 해가 나는 | sunny [sʌ́ni 써니]
☺☹ 흐린 / 안개 낀 | hazy [héizi 헤이지]

1

2

3

4
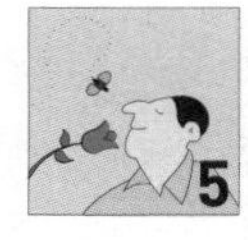
5

6
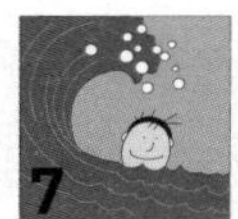
7

8

9

10

11

12

해 (sun)
번개 (lightning)
비 (rain)
천둥 (thunder)
산 (mountain)
꽃
(flower)
나무 (tree)

별 (star)
달 (moon)
구름 (cloud)
바람 (wind)
무지개 (rainbow)
바다 (sea)

엄마! 만우절은 영어로 어떻게 써요!

➔ 1년 중에는 기념이 될 만한 날들이 있어요. 어린이 여러분도 이런 특별한 날들을 좋아하지요. 어떤 날들이 있는지 알아볼까요?

★ 설날(1월 1일) : New Year's Day [njuː jiəriz dei]

★ 발렌타인데이(2월 14일) : Saint Valentine's Day [séint vǽləntàiniz dei]

★ 3.1절(3월 1일) : The anniversary of the Independence Movement of March 1st, 1919

★ 만우절(4월 1일) : April Fools' Day [éiprəl fuːliz dei]

★ 식목일(4월 5일) : Ardor Day [éːrdər dei]

★ 어린이날(5월 5일) : Children's Day [tʃíldrəniz dei]

★ 어버이날(5월 8일) : Parent's Day [pέərəntiz dei]

★ 스승의날(5월 15일) : Teacher's Day [tíːtʃəriz dei]

★ 석가탄신일(5월 15일) : Buddha's Birthday [búːdəiz bə́ːrθdèi]

★ 현충일(6월 6일) : The Memorial Day [ðə mimɔ́ːriəl dei]

★ 광복절(8월 15일) : Independence Day [indipéndəns dei]

★ 추석(음력 8월 15일) : Chusok(the Harvest Moon Day) **[ðə háːrvist dei]**

★ 개천절(10월 3일) : The Foundation Day [ðə faundéiʃən dei]

★ 크리스마스(12월 25일) : Christmas [krísməs]

관사와 부사

(Article and Adverb)

☆ 관사(Article)란?

관사는 사물 하나를 지적할 때 주로 쓰는 말이에요.
명사 앞에 붙여서 명사의 수나 상태를 나타내요.
관사의 종류와 쓰임이 많지 않기 때문에 여기에 소개된 것만 알고 있어도 영어를 잘 할 수 있답니다.

☆ 부사(Adverb)란?

부사는 형용사, 동사를 꾸며 주는 말이에요.
가끔 부사만으로도 어떤 뜻을 표현할 수 있어요.
뜻이 형용사와 비슷하지만, 꾸며 주는 말이 다르기 때문에 잘 구분할 수 있어요.
부사에는 어떤 것들이 있는지 알아 봐요.

> 모든 단어 앞에는 😊과 ☹ 마스코트가 있어요.
> 알거나 외운 단어는 😊에 체크하고, 모르거나 외우지 못한 단어는 ☹에 체크해요.
> 나중에 여러분이 아는 단어와 모르는 단어를 한눈에 알 수 있어요.

관사 (Article)

☺☹ **그** **the** [ðə, ði]

('a pencil' 은 흔히 볼 수 있는 일반적인 연필을 뜻하고, 'the pencil' 은 말하는 사람이나 듣는 사람이 알고 있는 특정의 연필을 가리키는 거예요. 이것 역시 'a' 와 마찬가지로 뒤에 모음이 오면 '더' 를 '디' 로 발음해요.)

* I have the pencil. (나는 그 연필을 가지고 있다.)
  아이 해브 더 펜슬

* I have the apple. (나는 그 사과를 가지고 있다.)
  아이 해브 디 애플

☺☹ **하나의** **a** [ə, èi, éi]

* I have a pencil. (나는 연필 하나를 가지고 있다.)
  아이 해브 어 펜슬

☺☹ **하나의** **an** [ən, ǽn]

('a' 와 같은 뜻과 쓰임이에요 'an' 은 뒤에 오는 단어의 발음이 모음으로(아, 애, 이, 오, 우 등) 시작할 때 'a' 대신 쓰는 말이에요.)

* I have an apple. (나는 사과 하나를 가지고 있다.)
  아이 해브 언 애플

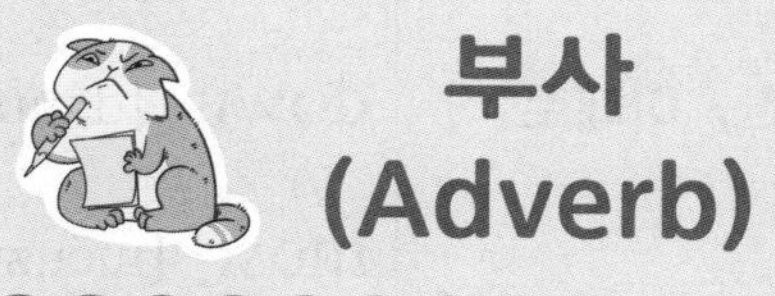

부사 (Adverb)

☺☹ 갑자기 / 별안간	suddenly [sʌ́dnli 서든리]
☺☹ 거의	almost [ɔ́ːlmoust 올모우스트]
☺☹ 겨우 / 간신히	scarcely [skɛ́ərsli 스캐어-슬리]
☺☹ 결코 ~하지 않다	never [névər 네버-]
☺☹ 곧	soon [súːn 순]
☺☹ 그 대신에	instead [instéd 인스테드]
☺☹ 그 때에 / 그 다음에	then [ðén 덴]
☺☹ 그 밖에 / 달리	else [éls 엘스]
☺☹ 그렇지 않으면 / 다른식으로	otherwise [ʌ́ðərwàiz 어더-와이즈]

부사

☺☹ ~까지도 / ~조차	even [íːvən 이-븐]
☺☹ 꽤 / 상당히	pretty [príti 프리티]
☺☹ 낮은 쪽으로 / 아래로	down [dáun 다운]
☺☹ 대부분	most [móust 모우스트]
☺☹ 더 적게	less [lés 레스]
☺☹ ~도 또한 ~아니다	neither [níːðər 니-더-]
☺☹ 두 번 / 2회 / 두 배	twice [twáis 트와이스]
☺☹ 뒤로 / 본래 자리로	back [bǽk 백]
☺☹ 뒤에 / 나중에	after [ǽftər 애프터-]
☺☹ 때때로	sometimes [sʌ́mtàimz 섬타임즈]
☺☹ 또한 / 역시	also [ɔ́ːlsou 올소우]
☺☹ 멀리 / 떨어져	away [əwéi 어웨이]
☺☹ 멀리 / 훨씬	far [fáːr 파-]
☺☹ 몹시	terribly [térəbli 테러블리]
☺☹ 밖에 / 밖으로	outside [autsáid 아웃사이드]
☺☹ 보통 / 대개	usually [júːʒuəli 유-주얼리]

☺☹ 부디 / 제발	please [plíːz 플리–즈]
☺☹ 불행하게도 /유감스럽게도	unfortunately [ʌ̀nfɔ́ːrtʃənətli 언포–쳔닛틀리]
☺☹ 빠르게 / 신속하게	rapidly [rǽpidli 래피들리]
☺☹ 소리 내어 / 큰 소리로	aloud [əláud 어라우드]
☺☹ 실제로 / 참으로	really [ríːəli 리–얼리]
☺☹ 아마	maybe [méibi 메이비]
☺☹ 아마	probably [prɑ́bəbli 프라버블리]
☺☹ 아마 / 혹시	perhaps [pərhǽps 퍼–햅스]
☺☹ 아주 / 꽤	quite [kwáit 콰이트]
☺☹ 아직도 / 여전히	still [stíl 스틸]
☺☹ 앞쪽에 / 앞으로	ahead [əhéd 어헤드]
☺☹ 약간 / 다소	rather [rǽðər 래더–]
☺☹ 언젠가 / 조만간	sometime [sʌ́mtàim 섬타임]
☺☹ ~에 따라서	according to [əkɔ́ːrdiŋ túː 어코–딩 투–]
☺☹ 여기에	here [híər 히어–]

부사

☺☹ 열심히	hard [háːrd 하-드]
☺☹ 영원히 / 끊임없이	forever [fɔːrévər 포-에버-]
☺☹ 오랫동안	long [lɔ́ːŋ 롱]
☺☹ 오직 / 단지	only [óunli 오운리]
☺☹ ~와 같은 정도로	as [ǽz 애즈]
☺☹ 외국에서, 해외로	abroad [əbrɔ́ːd 어브로-드]
☺☹ 2층에 / 위층에	upstairs [ʌ́pstέərz 업스테어-즈]
☺☹ ~의 아래에	under [ʌ́ndər 언더-]
☺☹ 이미 / 벌써	already [ɔːlrédi 올레디]
☺☹ 이제 막 / 방금 / 꼭	just [dʒʌ́st 저스트]
☺☹ 일반적으로 / 대체로	generally [dʒénərəli 제너럴리]
☺☹ 일찍이	early [ə́ːrli 얼리]
☺☹ 자주 / 종종	often [ɔ́ːfən 오-픈]
☺☹ ~전에	ago [əgóu 어고우]
☺☹ 정말 / 참으로	indeed [indíːd 인디-드]

☺☹ 주위에 / 여기저기에	around [əráund 어라운드]
☺☹ 지금까지 / 전혀 / 여전히	ever [évər 에버-]
☺☹ 최근에 / 요즈음	recently [ríːsntli 리-슨틀리]
☺☹ 특히 / 주로	especially [ispéʃəli 이스페셜리]
☺☹ 한 번 / 예전에	once [wʌ́ns 원스]
☺☹ 함께 / 같이	together [təgéðər 투게더-]
☺☹ 항상 / 언제나	always [ɔ́ːlweiz 올웨이즈]
☺☹ 확실히	surely [ʃúərli 슈얼리]

부사

엄마! 내 취미는 노래 부르기예요

➔ 많은 취미 활동들이 있어요.
나의 취미를 영어로 알아 볼까요?

★ 독서 : reading [ríːdiŋ]

★ 음악 감상 : listening to music [lísniŋ tuː mjúːzik]

★ 수다떨기 : chatting [tʃǽtiŋ]

★ 시간 죽이기 : time-killing [taim kíliŋ]

★ 수영 : swimming [swímiŋ]

★ 영화 감상 : movie watching [múːvi watʃiŋ]

★ 펜팔 : corresponding with a penpal [kɔ̀ːrəspándiŋ wið ə penpæl]

★ 우표 수집 : stamp collecting [stæmp kəléktiŋ]

★ 꽃꽂이 : arranging flowers [əréindʒiŋ fláuərz]

★ 낚시 : fishing [fíʃiŋ]

★ 테니스 : playing tennis [pleiŋ ténis]

★ 뜨개질 : knitting [nítiŋ]

★ 조깅 : jogging [dʒɔ́giŋ]

전치사와 접속사
(Preposition and Conjunction)

전치사(Preposition)란?

전치사는 주로 명사 앞에 오는데, 그 뜻을 알아 두면 전치사가 문장에서 어떤 역할을 하는 지 알 수 있을 거예요.

어려운 과정은 중학교에 가서 배우기로 하고, 여기서는 전치사의 종류와 뜻만 익히기로 해요.

접속사(Conjunction)란?

접속사는 단어와 단어, 또는 문장과 문장을 이어줄 때 필요한 말이에요. 우리나라 말에서 찾아보면 '그리고, 그러나, 그렇지만, 그러므로……' 등을 뜻하는 영어랍니다.

이러한 접속사를 많이 알면 단어나 문장을 연결할 때 쓸 수 있어 좋아요.

모든 단어 앞에는 😊과 ☹ 마스코트가 있어요.
알거나 외운 단어는 😊에 체크하고, 모르거나 외우지 못한 단어는 ☹에 체크해요.
나중에 여러분이 아는 단어와 모르는 단어를 한눈에 알 수 있어요.

전치사 (Preposition)

😊 ☹ **~까지** **till** [tíl 틸]

* till now (지금까지)
틸 나우

😊 ☹ **~동안 / ~하는 동안** **during** [djúəriŋ 듀어링]

* during the vacation (방학 동안)
듀어링 더 베케이션

😊 ☹ **~보다 아래에** **below** [bilóu 빌로우]

* below my eyes (눈 아래에)
빌로우 마이 아이즈

😊 ☹ **~보다 위에** **above** [əbʌ́v 어버브]

* fly above the clouds (구름 위를 날다)
플라이 어버브 더 클라우즈

😊 ☹ **~사이에** **between** [bitw íːn 비트윈]

* between Monday and Friday (월요일과 금요일 사이에)
비트윈 먼데이 앤드 프라이데이

☺☹ **~안에** **in** [ín 인]

* in the house (집안에)
인 더 하우스

☺☹ **~안에 / 안으로** **into** [íntuː 인투-]

* come into the house (집안으로 들어오다)
컴 인투- 더 하우스

☺☹ **~에 / ~에서** **at** [ǽt 앳]

* at the center (중심에)
앳 더 센터-

* at ten (10시에)
앳 텐

* at eleven (11살 때에)
앳 일레븐

☺☹ **~에 대하여** **about** [əbáut 어바웃]

* about science (과학에 대하여)
어바웃 싸이언스

☺☹ **~에게 / ~까지 / ~에** **to** [túː 투]

* go to the school (학교에 가다)
고 투 더 스쿨

* to three o'clock (3시까지)
투 쓰리 어클락

* talk to me (나에게 말하다)
톡 투 미

☺☹ **~에서** **of** [ʌ́v 어브]

* ten kilometers of the school (학교에서 10km 거리에)
텐 킬로미터-즈 어브 더 스쿨

☺☹ **~에서 / ~부터** **from** [frʌ́m 프럼]

* from the station (역에서)
프럼 더 스테이션

* from the first (처음부터)
프럼 더 퍼스트

* from one to ten (1에서 10까지)
프럼 원 투 텐

☺☹ **~옆에** **by** [bái 바이]

* by me (내 옆에)
바이 미

☺☹ **~와 함께** **with** [w íð 위드]

* live with my mother (어머니와 함께 살다)
리브 위드 마이 머더-

☺☹ **~외에 / ~을 제외하고** **besides** [bisáidz 비사이즈]

* besides it (그것 외에)
비사이즈 잇

☺☹ **~으로부터 / ~에서** **out** [áut 아웃]

* out the door (문에서)
아웃 더 도어

☺☹ **~을 가로질러** **across** [əkrɔ́ːs 어크로-스]

* across the river (강을 가로질러)
어크로-스 더 리버

☺☹ **~을 돌아 / ~의 주변에** **round** [ráund 라운드]

* a tour round the world (세계 일주 여행)
어 투어 라운드 더 월드

☺☹ **~을 따라서** **along** [əlɔ́:ŋ 어롱]

* along the street (거리를 따라)
어롱 더 스트릿

☺☹ **~을 위하여 / ~하려고** **for** [fɔ́:r 포-]

* go for a walk (산책 가다)
고우 포- 어 워-크

☺☹ **~을 제외하고는** **except** [iksépt 익셉트]

* except you (너를 제외하고는)
익셉트 유

☺☹ **~을 통하여 / ~지나서** **through** [θrú: 쓰루-]

* pass through the tunnel (터널을 통과하다)
패쓰 쓰루- 더 터널

☺☹ **~의 곁에** **beside** [bisáid 비사이드]

* beside me (내 곁에)
비사이드 미

☺☹ **~의 뒤에 / ~에 뒤늦어** **behind** [biháind 비하인드]

* behind the yellow line (노란선 뒤에)
비하인드 더 옐로우 라인

☺☹ **~의 뒤에 / ~뒤를 이어** **after** [ǽftər 애프터-]

* follow after him (그의 뒤를 따라가다)
팔로우 애프터- 힘

☺☹ **~의 바로 밑에** **beneath** [biní:θ 비니-쓰]

* beneath the chair (의자 바로 밑에)
비니-쓰 더 체어-

전치사

☺☹ **~의 사이에** **among** [əmʌ́ŋ 어멍]

* among the girls (소녀들 사이에)
어멍 더 걸즈

☺☹ **~의 아래에** **under** [ʌ́ndər 언더-]

* under a tree (나무 아래에)
언더- 어 트리

☺☹ **~의 아래쪽으로** **down** [daun 다운]

* come down a hill (언덕을 내려오다)
컴 다운 어 힐

☺☹ **~의 앞에** **before** [bifɔ́ːr 비포-]

* before my office (내 사무실 앞에)
비포- 마이 오피스

☺☹ **~의 위로** **up** [ʌ́p 업]

* walk up a hill (언덕을 걸어 오르다)
워크 업 어 힐

☺☹ **~의 위에** **on** [ɑ́n 온]

* on the desk (책상 위에)
온 더 데스크

☺☹ **~의 위쪽에** **over** [óuvər 오우버-]

* over my head (머리 위에)
오우버- 마이 헤드

☺☹ **~의 저쪽에서 / ~을 넘어** **beyond** [bijɑ́nd 비얀드]

* beyond the bridge (다리 저쪽에서)
비얀드 더 브릿지

☺☹ **~의 주위 / ~을 둘러싸고 around** [əráund 어라운드]

* around the fire (불 주위를 둘러싸고)
어라운드 더 파이어-

☺☹ **~이내에 / ~의 안에 within** [wiðín 위딘]

* within ten minutes (10분 안에)
위딘 텐 미닛츠

☺☹ **~이래 / ~부터 since** [síns 씬스]

* since yesterday (어제부터)
씬스 예스터-데이

☺☹ **~쪽으로 toward** [təwɔ́ːrd 터워-드]

* go toward the house (집쪽으로 가다)
고 터워-드 더 하우스

fly above the clouds

관사

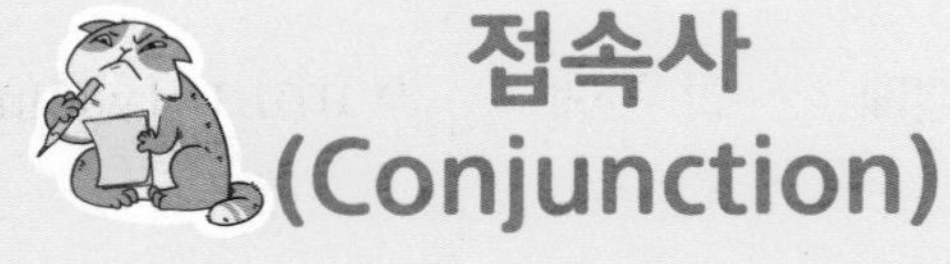

접속사 (Conjunction)

😊☹ **그러나 / 하지만** **but** [bʌ́tː 벗-]

* a young but wise man (젊지만 현명한 남자)
어 영 벗- 와이즈 맨

😊☹ **~또는 / ~도 ~도** **or** [ɔ́ːrː 오어-]

* You or I (너 또는 나)
유 오어- 아이

😊☹ **만약 ~라면 / ~인 경우에는** **if** [íf 이프]

* If it's warm tomorrow, we will go on a picnic.
이프 잇츠 웜 투머로우 위 윌 고우 온 어 피크닉
(내일 만일 따뜻하면, 우리는 소풍 갈 거다.)

😊☹ **~보다 전에** **before** [bifɔ́ːr 비포-]

* Look before you cross the road.
룩 비포- 유 크로스 더 로드
(길을 건너기 전에 잘 살펴보아야 한다.)

☺☹ **~와 / 그리고** and [ǽnd 앤드]

* you and I (너와 나)
유 앤드 아이

☺☹ **~와 같이 / ~처럼** as [əz, ǽz 애즈]

* She is as tall as I. (그녀는 나만큼 키가 크다.)
쉬 이즈 애즈 톨 애즈 아이

☺☹ **왜냐하면 / ~때문에** because [bikɔ́:z 비코-즈]

* I did not go to school because I was ill.
아이 디드 낫 고우 투 스쿨 비코-즈 아이 워즈 일
(나는 아팠기 때문에 학교에 가지 않았다.)

☺☹ **~이라는 것은** that [ðǽt 댓]

* It's true that we are little girls.
잇츠 트루 댓 위 아- 리틀 걸즈
(우리가 어린 소녀들이라는 것은 사실이다.)

☺☹ **~이래로 쭉** since [síns 씬스]

* I have known her since she was a child.
아이 해브 노운 허- 씬스 쉬 워즈 어 차일드
(나는 그녀가 어린 아이일 때부터 쭉 그녀를 알고 있다.)

☺☹ **~이지만** though [ðóu 도우]

* Though he is young, he is wise.
도우 히 이즈 영 히 이즈 와이즈
(그는 젊지만, 그는 현명하다.)

☺☹ **~인지 어떤지** whether [*h*wéðər 웨더-]

* I asked whether I could help him.
아이 애스크트 웨더- 아이 쿠드 헬프 힘
(나는 내가 그를 도울 수 있을지 어떨지를 물었다.)

접속사

☺☹ **~한 뒤에** **after** [ǽftər 애프터-]

* I always wash my hands after I get home.
아이 올웨이즈 와쉬 마이 핸즈 애프터- 아이 겟 홈
(나는 집에 돌아온 뒤에 항상 손을 씻는다.)

☺☹ **~하는 동안에** **while** [*h*wáil 와일]

* While you are eating, you should not speak.
와일 유 아- 이팅 유 슈드 낫 스피크
(밥 먹을 동안에, 너는 말을 하면 안 된다.)

☺☹ **~할 때에** **when** [*h*wén 웬]

* Time goes very fast when I am busy.
타임 고우즈 베리 패스트 웬 아이 엠 비지
(내가 바쁠 때에는 시간이 빨리 간다.)

한글
색인
A
B
C
A+

ㄱ

ㄴ

ㄷ

ㄹ

ㅁ

ㅂ

ㅇ

ㅈ

ㅋ

ㅌ

ㅍ

ㅎ